献给快乐的文文、齐齐、本本

还有健康的老爸、老妈

投资进阶课

写给聪明投资者的思维进阶与案例分享

那一水的鱼◎著

中国经济出版社
CHINA ECONOMIC PUBLISHING HOUSE
·北京·

图书在版编目（CIP）数据

投资进阶课：写给聪明投资者的思维进阶与案例分享／那一水的鱼著．--北京：中国经济出版社，2021.5

ISBN 978－7－5136－6474－5

Ⅰ.①投… Ⅱ.①那… Ⅲ.①投资－基本知识 Ⅳ.①F830.59

中国版本图书馆 CIP 数据核字（2021）第 084006 号

责任编辑 燕丽丽
责任印制 巢新强
封面设计 任燕飞

出版发行 中国经济出版社
印 刷 者 北京富泰印刷有限责任公司
经 销 者 各地新华书店
开　　本 710mm×1000mm 1/16
印　　张 15
字　　数 200 千字
版　　次 2021 年 5 月第 1 版
印　　次 2021 年 5 月第 1 次
定　　价 58.00 元
广告经营许可证 京西工商广字第 8179 号

中国经济出版社 网址 www.economyph.com 社址 北京市东城区安定门外大街 58 号 邮编 100011
本版图书如存在印装质量问题，请与本社销售中心联系调换（联系电话：010－57512564）

前言

六年前，我还在从事一份满意的工作，投资只是业余爱好，它跟阅读、看电影等没什么两样。写完《投资第一课》之后，2014年底，我彻底告别之前的工作，随后在家照顾孕妻，并抽空又写了《理财不用懂太多》和《读懂银行股》。

此时此刻，家里的音响里播放着电影《大话西游》的片尾曲《一生所爱》。我把这首歌设成了单曲循环，它特别符合我现在的心境，给我一种往事沧桑的感觉。

我母亲在她四十岁时就内退了。当时才十几岁的我，觉得自己也要努力早日“退休”，然后就可以自由自在地飞翔。未曾想，刚过完29岁生日，我也过上了“退休”生活——不过我的生活不是像鸟儿那样飞翔，而是如大树一样扎根。幸运的是，这样也很不错！投资是我喜欢的事，是我感兴趣的事。我身边最亲密的人，能够理解我，我们常常异口同声地说出同一句话。我身边最可爱的人，能够包容我，即使吵架也不会超过一天。

能一直做自己喜欢的事，能和自己喜欢的人一直在一起，这是多大的幸运！

一眨眼又过去了五年多，齐齐已经上幼儿园中班了。齐齐非常可爱，经常冒出一些让人哭笑不得的话，所以这几年我的肺活量应该有所提升。他最喜欢黄颜色，而只要有他在的地方，所有的颜色都是我的最爱。每次送他去幼儿园，他在家门口就要跟妈妈说："你要想我噢""要想一百次加十次再加一百次噢""我回来要问的噢"……而在幼儿园门口，他又会熟练地重复另一套动作：先是"爸爸拜拜"，然后隔着口罩给我一个飞吻；一定要等到我也回应一个飞吻，他才会继续说，"爸爸我会想你的，你也要想我噢"。我的回应则是："嗯嗯，爸爸也会想你的，赶紧进去吧！"有时，我被熙熙攘攘的人群挤开了，他就会伸长脖子重复那句话，一定要等到我的回应……齐齐从来不吝于说出"我爱你""我想你"。但这些话，我们对自己的父母说得太少了！

齐齐还在妈妈肚子里的时候，我在忙着码字。再过几个月，我们家庭的第二个小宝贝也要来到这世界。齐齐给他取的小名叫"本本"。这次本本在妈妈肚子里的时候，我总觉得少了点什么，想着要给未来留点东西，便有了这本书。

写书是一个苦力活。我已有五年多时间没码字，再拾起来，已无法长时间趴在电脑前了，眼睛、颈椎、腰椎都有点吃力。2020 年初的时候，我的眼睛出现了飞蚊症——以前过度用眼之后，也会有这个情况，休息几天就好了，但这次不一样！原来，我眼睛中的玻璃体已经开始老化了！这可能跟我频繁使用电脑、手机有关。

齐齐一生下来，我就一直陪伴在他身边，没错过他成长中的一点一滴。但我有点担心本本——在本本 25 岁的时候，我已经 60 岁了。老爸老妈经常念叨我"要减肥"，因为肥胖容易引发很多慢性疾病。年初时我偶感头晕，天旋地转，吓得赶紧买了个电子血压计回来。幸好一切正常。这一年发生了太多事情，这更让我感叹：我需要一个“长长的坡”！

2020 年 8 月 8 日，我下决心正式开始减肥。两个半月后，我已经减去了 18 斤，体重很少反弹。我要感谢盖里·陶比斯的《我们为什么会发胖?》，这本书让我纠正了饮食中存在的问题，现在的我更健康也更有活力——这就是阅读的好处！在本书中我也多次强调一个观点：投资就是新手用钱买经验，老手用经验换钱的过程。在阅读中学习前人的经验，是通过他们的经验来“免交学费”，没有比这更棒的了！回顾最近几年的投资，我抓住了一些机会，也踩了一些坑。现在，我把这些经验记录在本书中，希望对读者有帮助。

投资与“长长的坡”的关系，我想每一个读者都有必要搞清楚。如果你的投资复合回报率能达到 26%，那么你 99% 的人生财富都是最后 20 年赚回来的。换句话说，如果你能活到 90 岁，那么 70 岁前你才赚取到人生财富的 1% 而已。

所以，急什么呢？

余生很长。

2020 年 10 月 29 日

星城长沙

目录

第一章　投资的灵魂三角

第二章　上市公司究竟属于谁？

第六章 资产折价，陷阱还是馅饼？

第七章 更重要的是现金流思维

第八章 这两种“搬砖”交易靠不靠谱？

第十二章 确定性与概率、赔率

第十三章 投资“避雷”指南

第一章

投资的灵魂三角

在前作《投资第一课》中，我将自己的投资理念概括为："先自下而上筛选投资标的，再自上而下进行研究，寻找由于市场偏见而导致的错误定价，并耐心等待时间来纠偏。在满足资产配置流动性的前提下，追求符合预期收益率的大概率成功！"

在实践过程中，我们往往需要在三个因素中权衡利弊，有所取舍，然后才能作出决策。这三个因素就是——低估值、成长性、确定性，我喜欢叫它们"投资的灵魂三角"。

投资的灵魂三角之一：低估值

选低估还是选成长，这恐怕是投资界永远也绕不开的话题。不过显而易见的是，即便投资标的物的“成长性”很高，甚至其成长的“确定性”也很强，我们也不应以过高的估值买入。追求低估值就是追求安全边际。

买得太贵，或者说“估值下移”，是股票投资众多风险中最常见的一种。有时是业绩不达预期，有时是交易者情绪变动（牛熊转换），有时是重要股东减持……而更多的时候，你甚至找不出“估值下移”的原因，各种似是而非的“事后解释”只是一味安慰剂罢了。

在《读懂银行股》一书中有这样一个例子：

为了撇除再融资和分红的影响，我们假设投资标的不进行股权再融资和分红。我们将投资回报看作两部分：一是上市公司的业绩（净利润）变动，二是股票的估值（市盈率）波动。假设某上市公司业绩以20%的速度稳定增长，初始买入市盈率为20倍，持有期为5年。如果5年后市盈率降至5倍（即下降75%），那么最终的投资回报率为多少呢？

$$\text{业绩变动} \times \text{估值变动} \times 100\% - 100\% = (1.2^5) \times (1 - 75\%) \times 100\% - 100\%$$

$$= -37.792\%$$

是的，你没有看错，计算结果是负数！上市公司连续5年保持20%的业绩增长，投资它的股票却亏损了37.792%。在此基础上，股价须上涨约60%才能回到原来的保本线。

****

也许你要奇怪：一只保持每年20%业绩增长的股票，怎么可能从20倍市盈率跌到5倍市盈率？凡事皆有可能，事实上A股的银行股自2008年跌破20倍市盈率以后，截至目前[①]还从未再次触及20倍市盈率（少数次新银行股除外）。2008年往后数5年是2013年，在2013年前三个季度，遍地是5倍市盈率的银行股——而在那5年间，许多银行的盈利增长速度甚至远超20%。

另一个案例是华侨城A，它的净利润从2009年的17亿元增长到2019年的123.4亿元，股价却原地踏步10余年[②]。2009年每股收益0.55元，年报发布后（2010年4月22日晨）开盘价11.97元，对应市盈率为21.76倍；2019年每股收益1.50元，年报发布后（2020年4月28日晨）开盘价6.36元，对应市盈率约为4.24倍。

如果说市盈率从20倍降至5倍，在A股市场尚不多见，那么个股市盈率从60倍降至15倍，从40倍降至10倍，就都很常见了，其中还有最为老股民所熟知的中石油。相比之下，港股市场的表现则更让人“怀疑人生”。成长性还不错的股票，市盈率也只有七八倍，但它可以“利润连年涨、股价连年跌”。七八倍估值降到五六倍，你觉得很低估，买入并持有。殊不知它还能跌至四倍、三倍，甚至两倍多。2020年上半年，港股中重庆银行、绿地香港的静态市盈率都只有两倍多。

---

① 2020年6月底。

② 股价按复权后计算，截至2020年6月末。

****

在估值下降75%的情况下，业绩按20%的速度复合增长，何时能获得正收益？答案是第8年——8年坚守后，投资收益终于转正！我们把时间拉长，持有期分别变为10年、20年、50年、100年、500年、1000年……则对应的年化投资收益率分别为4.47%、11.96%、16.72%、18.35%、19.67%、19.83%……由此可见，**期限拉得越长，估值变动对投资收益率的影响越小**。随着时间推移，投资的复合年化收益率也越来越贴近20%的业绩增长率。

这就引出了投资的灵魂三角之二：成长性。

投资的灵魂三角之二：成长性

这次依然假设没有股权再融资，也没有分红，持有期间股票的估值下降75%，业绩则分为每年增长5%和30%两种情况。在这种假设条件下，持有期分别为1~10年的总收益如表1-1所示。

表1-1　不同成长性对抗估值下跌75%的表现（%）

成长性	1年	2年	3年	4年	5年	6年	7年	8年	9年	10年
5%	-73.75	-72.44	-71.06	-69.61	-68.09	-66.50	-64.82	-63.06	-61.22	-59.28
30%	-67.50	-57.75	-45.08	-28.60	-7.18	20.67	56.87	103.93	165.11	244.65

同样是抵抗75%的估值下降，两者的结局差异却很大。第10年末，5%业绩增速的股票仍让投资者亏损近六成，而30%业绩增速的股票则能盈利244%。当然这只是一个模型测算，在现实中连续以30%的速度增长10年的上市公司，少之又少。

由此我们可以看出，**成长性越高的股票，对估值下降的抵抗能力越强**。

5%的业绩增速，遭遇75%的估值下降，多少年后才能获得正收益？答案是约28年！这个结果恐怕出乎很多人意料，毕竟人生能有多少个28年！若某人20岁开始这笔投资，收益转正时已经48岁。如果算上这28年间的通货膨胀，实际收益转正更是遥遥无期。

所以投资者要明白：在降估值的环境下，以较高估值持有高增长股票并不是最难受的——**以次高的估值持有低速增长的股票，特别是超大型的、已经触及双重“天花板”（行业空间“天花板”、市场占有率“天花板”）的股票，这才是一场灾难**。一般来说，小市值股票的波动性更强，更易遭遇反复炒作。而大市值股票出现泡沫则需要“集体疯狂”，这种盛况往往出现在大型牛市的尾期。许多投资者在牛市泡沫期不敢追高，所以买入“相对低估”的这类大型股，以为这就是安全边际，结果可想而知。

****

成长性欠缺的“烟蒂类”股票面临一个尴尬问题：虽然价值被极度低估，但价值回归需要多长时间？假设五折的股票1年内价值回归至原值，那么年化投资收益率为100%；假设这个过程花费3年，则复合年化投资收益率降至约26%；假设花费10年，则复合年化投资收益率降至约7%。

低估值和成长性两个要素在时间作用下的反馈可以总结为：估值下降情况下的高成长——时间拉得越长，复合投资收益率越接近其成长速度，高成长获得高收益；低成长下的估值修复——时间拉得越长，复合投资收益率反而越低。用巴菲特的话来说就是：**“时间是好公司的朋友，是平庸公司的敌人。”**

****

之所以看好低估值的“烟蒂股”，是投资者潜意识认为“价值总会回归”，认为低估值的股票上涨并恢复正常估值的概率更大。“烟蒂型”投资者心中充满了对“估值下降”的恐惧，低估值可以安抚他们的内心。但我们不要忽略一种更坏的情况——低估值并不意味着股价不会继续下跌——五折可能变为三折、两折。

港股市场存在许多成长性欠佳但估值低的股票，常年打三至五折，股价原地踏步 10 年以上。比较典型的例子：某上市公司无任何负债，所有资产就是一栋写字楼。这栋写字楼在公开市场的交易价格为 10 亿元，而整个上市公司的市值却只有 5 亿元。如果你不能夺取控制权，不能卖出这栋写字楼并分红①，那么这个“低估”就永远只是水中月。这虽是我杜撰的例子，但港股市场确实有许多持有写字楼、商场或车位的“收租股”，经营毫无难度，大股东兼任着高管，拿着千万年薪但吝于分红，吃喝拉撒都算作上市公司的经营费用。

另外还有一种典型情况，就是持有大量的、过多的现金，这些现金不产生或只产生极少量收益。如果你只是小股民，不能控制这家上市公司，那么这同样可能是水中月。这里就引出“控制权溢价”和“非控制权折价”的问题，在本书的第六章中还将详细阐述。

****

低估之于成长就像血之于肉，两者不可相互孤立。无视估值去追求成长，可能遭遇估值下降，也可能成长不达预期。而无视成长一味追求“便宜”，那你确实需要一点运气——价值回归的时间拖得越久则回报越低。同时别忘了即便是“烟蒂股”，其估值仍可能继续下移。

最佳的投资当然是买入优秀乃至伟大的企业，如果它能一直优秀下去，我们甚至都不需要考虑何时卖出。低估值其实就是安全边际，**我们必须在优秀的企业中寻求安全边际，而不是反过来在垃圾企业中寻求更大的价格折让。**

---

① 补充说明：出售资产时还需考虑税费因素。

投资的灵魂三角之三：确定性

前面我们讨论低估值，提到市盈率从40倍降至10倍的情况，其中就包含了确定性的问题——它可能发生，也可能不会发生。然而，5倍市盈率继续下降75%（至1.25倍市盈率）的可能性就相对低很多。也就是说，在不考虑其他因素的前提下（如成长性），我们持有5倍市盈率的股票，“估值不发生下移”的确定性要高于持有40倍市盈率的股票。

前面我们还讨论了成长性。成长性主要是指业绩，而业绩本身也存在不确定性。比如业绩以20%的速率稳定增长，真的能实现吗？**事实上，业绩增速越高，其确定性反而越低**。超过30%以上的增长率，是很难稳定和持续的。能够长期保持30%高增长的上市公司凤毛麟角——全社会的GDP（国内生产总值）增速只有那么高，全社会的劳动生产率提速也只有那么快，一个全新的领域在经历导入期、成长期后，也终要进入成熟期、衰退期，如果高增长一直持续，在复利的加持下，它很快就会吞噬全世界。

为什么强周期性股票的估值常常更低？同样是业绩从1成长到10，一只股票是每年稳定增长，另一只是忽高忽低，有时还出现亏损——虽然终点一致，但两者的确定性是大不相同的。该如何选择，相信聪明的你心中会有答案。

****

关于投资中的确定性，一部分来自过去，另一部分源于未来。

我们对一只股票的分析，乃至对宏观大环境的判断，都建立在过往的资料之上。这就好比某个平时经常考85～95分的考生，我们会预期他在升学考试中也获得差不多的分数。如果拿了100分，自然是惊喜；拿80分或许就稍有点失望。但有没有可能拿30分，让人大跌眼镜？

当然是可能的！这就是确定性的问题。一种可能来自过去：比如该学生平时的85~95分都是抄袭的，遇到升学考试更为严格的监考条件，就被打回原形。另一种可能来自未来：平时都能考好成绩，但谁知道未来会发生什么事情？可能该考生考前一晚失眠，可能他忘记在答卷上填名字，也可能没能按时抵达考场。总之，一切皆有可能。

投资也是如此，一方面我们在已有材料（来自过去）的基础上分析，思考这个分析是否做对了、我们有没有遗忘什么、上市公司有没有造假。另一方面还要考虑上市公司在未来会不会自己犯糊涂，将大好市场拱手让人。

追求具备长期竞争优势的股票，其实就是追求确定性，**追求投资结果的可预测**。这个确定性能够确保投资者实现预期的投资目标，降低“翻车”的概率。只要时间足够长，企业总会遇到点坏消息。**具有长期竞争优势的企业，在遭遇外部环境动荡后，在管理层作出错误决策后，仍可以保持航向，到达彼岸**。

价值投资者常说的“护城河、垄断、能力圈”等概念，其实都和“确定性”有关。许多投资者把“护城河”与成长性混为一谈，其实“护城河”与成长性既不构成充分关系，也不构成必要关系——有“护城河”不一定有成长性，有成长性也不一定有“护城河”。另外，垄断与成长性的关系，也是既非充分，也非必要，有时垄断型企业的定价权还受到管制，反而不如普通企业。与之相关的一些内容，我们在《投资第一课》一书中已有阐述。

****

两只股票的估值和成长条件相近，我们当然更愿意选择确定性高的那一只，很显然，确定性是加分项。但有时在确定性不足的情况下，反而会出现更好的投资机会。

两个众所周知的案例：三聚氰胺事件对国内乳业造成巨大冲击，相关个股的股价纷纷下跌，当时投资者根本不清楚该事件最终会发酵到什么程度，相关企业的确定性是较差的。但这时恰恰是投资伊利、蒙牛等乳业龙头的好时机。白酒塑化剂事件发生以及限制“三公”消费时，白酒股应声下跌，股价腰斩，这时白酒股的确定性是较差的，但反而是投资贵州茅台、五粮液等白酒龙头的好时机。若待一切尘埃落定，股价早已反弹，好机会一去不复返。

也就是说，**高成长的优质企业在高度不确定的环境下，给了投资者一个低估值买入的机会**。这就是投资灵魂三角中牺牲某一个角，换来的投资机会。

我们很难找到某一个投资标的，在投资灵魂三角中都呈现最优状态，所以必须作出权衡和取舍。估值低的股票往往成长性不够；高成长的股票往往面临激烈的竞争，具备较大的不确定性；成长好、确定性又强的股票，往往估值很高，让人难以下手。

那么，投资者究竟该如何决策呢？

没有标准答案。

第二章

上市公司究竟属于谁？

拿到一张上市公司的资产负债表，我们会发现，这家企业拥有很多东西，它们都被列在了资产端，比如现金、固定资产、应收账款等。上市公司可以对这些资产进行调配。但上市公司本身并不是一个生物体，它所有的决策和执行都是人类完成的。在我们思考估值问题的时候，首先问一问：到底谁拥有这家上市公司？

在给股票进行估值时，必须考虑上市公司的资产负债结构。本章我们从另一个视角去看待估值问题，相信你会有新收获。

除了股东，还有谁？

先来看一个例子：我们都知道的房贷。假如你购买了一套住房，并申请了房贷。很显然，虽然你向银行借了钱，但这套住房是属于你的，因为房产证上不会写银行的名字。类似公司的资产负债表，这里的资产端是这套住房，负债端是房贷，而股东权益就是你的首付。

大多数投资者对上市公司的理解与之类似：上市公司是属于全体股东的。这个视角不能说是错的，但它会让你遗漏一些东西。这里有几个明显的差异：对于房贷，个人要负无限责任，而公司是有限责任；另外，房贷这笔借款稳定且长期，而上市公司的借款不稳定且经常需要滚动续借。

让我先抛出观点：**上市公司不只属于股权投资者，它还属于债权投资者、购股权持有人、可转换债券投资者等**。而且这里的债权，不仅仅是有息负债的债权，也包括了无息负债的债权，比如上市公司未付给供应商的账款，又或者预收了客户的定金。所有这些投资者，都可以对上市公司主张某项权利，只不过优先级别不同、利益分配方式不同罢了。

除此之外，绝大多数企业都部分归属于同一个拥有者——政府。巴菲特在 1995 年的伯克希尔股东大会上曾表述：“政府收取 35% 的所得税，也就是说所有企业（税前）利润的35%归政府。所以在所得税率为35%的情况下，美国政府就相当于持有所有企业35%的股票。”

小心债权人变新股东

在股东对上市公司进行估值的同时，债权人也在对上市公司进行评估。但两者的出发点是不同的。债权人看重的是还款能力，以及比较固定的利息回报，他们并不关心公司是不是有成长性。上市公司在对外借款时，面对的是一个资金的供需市场。上市公司是资金的需求方，债权人是资金的供给方，而利率则是资金的价格，它等于同期限的无风险回报率加上违约风险补偿。供需双方对价格达成一致，才会产生“交易”，市场经济中所有交易皆是如此。

债权投资人其实离股权投资人很近，他要求得少，却虎视眈眈。一旦不能满足他的要求，就会露出狰狞的面孔。2008年次贷危机，通用汽车濒临破产，之后的债务重组方案使老股东的权益损失殆尽，而债主变成了新股东。**所以你看，上市公司真的不仅仅是属于全体股东的**。遇到重大经营困难时，优先级更高的债权投资者就把股权投资者踢出局了。类似的例子在国内也有不少，比如A股的重庆钢铁，2017年进行了债务重组，以10股转11.5股的方式，将11.5股转给债权人以抵销债务，因此老股东的权益被稀释了一半还多。再比如重庆银行，翻阅其A股招股说明书可以发现，历史上重庆银行的部分小股东，因为无法偿还贷款（向重庆银行借入的），导致手中持有的重庆银行股份被注销，用以抵债。

以强制清算的形式破产，通常债权人损失会非常大，尤其是在产能过剩的行业——大量的机械、存货只能以极低的价格卖出，甚至白送都没人要（你还得支付拖运费）。所以债转股的重组方式更常见，这种情况下，债权人就会变成新股东。

羊与牧羊犬

如果把上市公司本体看作一个生态圈，那么股权投资人好比是羊，债权投资人就好比牧羊犬。三种不同经营情况下，它们的关系是：

（1）在经营顺利的时候，牧羊犬只要自己能吃饱，就会帮着放羊、防狼，这对羊是有好处的。这种情况下的具体表现为：上市公司可以偿还到期债务，或者用新债替换旧债以实现债务滚动。同时上市公司的净资产收益率（ROE）大于债务的税后成本①，这时良性的财务杠杆提高了股东的回报率。

（2）在经营困难的时候，牧羊犬自己都饥肠辘辘，不免显露祖先的凶恶本性，羊群岌岌可危。这表现为上市公司现金流枯竭（不一定非得亏损），无力偿还到期债务。旧债主收回到期债务后就躲得远远的，也没有新债主愿意提供借贷。如果上市公司面临债务重组，那么老股东的权益也堪忧。

（3）在这两种情况之间还有一个中间状态：羊光顾着吃草，不长肉也不长毛，养羊的效益大多被牧羊犬消耗了。这表现为上市公司的净资产收益率小于债务的税后成本。由于行业或者企业经营比较稳定（例如公用事业），上市公司不会被抽贷，可以保持债务稳定。债权人拿稳定利息，股东却傻傻陪跑。这时减少债务水平，处置低效资产，可以提高股权投资人的收益。不过我们也明白，知道与做到之间相隔了千山万水——很多时候实际控制人或管理层没有动力去做，小股东有动力却没有能力、没有权利去做，只好这样勉强维持下去。

简言之，牧羊犬可以提高羊群的价值，也可以减少甚至毁灭其价值。

---

① 借贷利率×(1－所得税税率)。

负债影响股权价值

许多投资者容易忽视：负债的成本和稳定性都会影响股权价值，就像牧羊犬影响羊群的价值。**投资者经常用市盈率、市净率、市销率等方法对上市公司进行估值，但这些方法都没有考虑资本结构，尤其没有考虑负债因素**。

在某些领域，低利率的有息负债是一种长期竞争优势。或许你会惊讶：什么？长期竞争优势不是应当取决于产品和服务吗？什么时候资本结构也能当作竞争优势？

还记得吗？企业要生存，必须在“更低的获取成本、更高的品质享受、差异化的体验”① 之中至少“站住一只脚”。而有息负债利息作为一个成本项，与“更高品质的享受”“差异化的体验”没有关系，它只可能影响企业的成本。前面我们了解到，企业不仅仅属于股东，债权人也拥有一部分，只不过他们的索取权利不同而已。如果债权人索取得少，剩余给股东的自然就多了。很显然，在其他条件相同的情况下，有息负债利率更低的上市公司应当对应更高的股票估值。所以，**有息负债利息在成本中占比高的领域或行业，低利率的有息负债就可以构成长期竞争优势**。

银行就是一个典型的例子。银行的有息负债成本就是储户的存款利息，或者向其他金融机构拆借资金的利息。负债端成本低的银行，经营灵活性更强——与同行相比，它即便发放较低利率（信用等级更高）的贷款，仍然可以赚钱；又或者发放利率相近（风险相近）的贷款，但可以获取更大的利差。

又比如在公用事业行业，这个优势特别明显。这是因为公用事业是

---

① 详见《投资第一课》第五章第一节“竞争优势三要素”。

行政垄断行业，资本回报率受到限制（一般在8%以内），所以它们有很大的动力依靠杠杆来提升净资产回报率。当产能利用率不达预期时，资本回报率往往低于8%，借贷利率稍微一高，就会变得入不敷出。在这个行业，大型企业的有息负债利率明显低于中小企业，它们拥有更强的竞争优势。

再比如近几年兴起的PPP（政府和社会资本合作模式）项目，因为在建设期和运营前期都需要大量垫资，而许多中小企业负债端没有优势，所以这些中小企业渐渐被排挤出市场。超大型公司，比如中国建筑、中国铁建等，则受益更多。它们可以承担巨量的有息负债，但借贷成本仍然很低。在这个领域，负债端是重要的资金来源，而扩张越快，所需的资金也就越多。2018年，好几个园林施工类上市公司就面临债务危机，导致业务停滞，股价大跌。**如果负债端稳定性不够，上市公司时不时面临债权人质疑，以至于遭受抽贷、断贷，那么股权的价值也应当打个折扣**。

除了影响企业的成本，有息负债的利率差异还影响股权价值的贴现率。我们将在下一章中详细讨论。

无息债主也不会提供免费午餐

除有息负债之外，无息负债的“债主”也可以对上市公司的部分资产主张权利。比如应付员工薪酬，上市公司必须按时支付，否则员工可能会上街拉横幅；又比如预收账款，客户可以对上市公司账面的部分“存货”主张权利，特别是房地产、造船这类“款货对应”的行业；而递延所得税负债以及应付税款则是上市公司暂时欠政府的钱，这类负债虽不产生利息成本，但在清偿时优先级甚至比有息负债更高。

许多种类的无息负债，表面上不需要支付利息，但实际上也暗含了资金的时间成本。比如常见的应付账款，也即供应商账上的应收账款，供应商在报价时，已经将账期的影响纳入考虑，他们对账期更长的客户报价也更高。与此同时，供应商也会考虑上市公司的信用度，对于风险更高的客户，他们要么提高报价，要么要求先款后货。从这个角度看，无息债主的出发点跟有息负债债权人是一致的。

我曾研究过的一家港股上市房企，与同等规模的房企横向对比，它的有息负债明显偏少，而应付账款又明显偏多。在跟踪其每一个地块的拿地价之后，发现其毛利率低于我的测算。此外，这家上市房企的母公司旗下有一些建筑业务，也产生许多关联交易。如果说这里的供应商扮演了债务融资的角色，我一点也不会觉得奇怪。许多投资者在横向比较各地产股的有息负债时，没有考虑这一层关系，因此得出的结论必然有所偏差。

****

又比如应付员工薪酬，仍旧是地产行业的例子：在房地产开发商和建筑公司，很多工种是相通的，比如工程管理、预决算等。建筑公司有经验、能力强的员工，往往会跳槽到开发商，这使得开发商的人才结构好于建筑公司。为什么发生这种情况？除了薪资高低的差异，另一个主要原因就是薪酬发放及不及时。

在中小型建筑施工单位，员工薪资常常被拖欠。往往开发商支付一笔工程款之后，建筑单位就会集中发一笔工资（通常相当于几个月的薪酬）。因为很多工程款集中在传统节假日前支付，比如端午节、中秋节、春节等，所以也被戏称为“过节费”①。而开发商则不同，每个月的工资雷打不动准时到账，一分钱也不会少。难道因为开发商是土财主？并不尽然。其实很多时候开发商的资金比建筑公司还紧张，但开发商发工资永远是最高优先级，这是行业惯例。一旦开发商发薪延迟，各路债主、供应商、建筑公司就会找上门来催账，因为每个来要账的人都知道“这家开发商连工资

① 为了避免劳务纠纷，常演化为较少的基本工资（生活费）和较多的绩效工资（过节费）。

都发不出来了”。

****

天下难有免费的午餐，表面上免息的预收账款，常常是公司让出一部分利润换来的。很多酒类上市公司之所以账上有大量预收账款，是因为经销商的利润率很高，销售也供不应求。经销商之所以积极提前预付款项，是因为他们不愿意失去经销资格，同时也为了享受更优的拿货条件。

许多上市公司（特别是高负债的）喜欢在经营陈述中，描述剔除某些无息负债后的负债率，且暗示无息负债不会带来经营风险。比如许多地产类上市公司，就常剔除合同负债（旧会计准则称之为预收账款）等无息负债，再给出一个较低的负债规模和负债率。诚然，这类无息负债占比大，说明其销售火爆，是一个好现象，但这些负债并没有凭空消失。客户虽不能要求开发商按时还款，但有权要求按时交货（交房）。为了交这个货，开发商必须往里面投入资金进行建设，而这将会消耗其现金流。

购股权是一项潜在的义务

我们先来看看港股上市公司授出的购股权①，它主要来自股权激励计划，这种期权允许管理层或重要员工在规定的时间（未来）以某一价格买入公司新增发的股份。购股权一旦授出，上市公司就形成了一项义务。当股价低于购股权行权价格时，购股权可以不被行使，购股权持有人不会产生实际损失。反之，购股权持有人以低于市场的价格获得股份，上市公司股本增加，老股东权益被摊薄。购股权持有人是上市公司的潜在股权所有

① 购股权在港股市场是很常见的，它是上市公司发出的期权，该期权在行权后将导致上市公司股本增多，老股东的权益被摊薄。另外，许多券商或机构也会针对某些上市公司发出期权，而且期权的种类非常多。这种期权主要是交易者之间的某种协定，我们可以将之看成投资者之间的“对赌”，它不会增加上市公司的股本，老股东的权益不会被摊薄。

者。港股市场的私有化行动，也必须对购股权进行报价并收购。

因为上市公司以行权价增发了新股，股东权益有所增加，所以对于债权人来说，虽然债务的到期收益率不变，但违约风险降低了——增发使净资产增加了。如果是在完全理性的有效市场，债券的价格应当略有升高，以体现违约风险降低这一事件的影响。

购股权和债权有相似之处。它们都是上市公司的一项义务，债权要求上市公司还本付息，购股权则要求以预定的价格购买上市公司的新增发股份。总体而言，购股权得以行权这个事件对债权人来说，是有百利而无一害的。但对于老股东来说，情况则有些复杂。

股权激励的利弊权衡

首先，源于股权激励的购股权，对管理层或重要员工有激励作用，它可以看作是由一部分薪酬转化而来的。工作干得好，公司发展好，股价上涨的概率自然也大，购股权也更有价值。反之类同，股价下跌将使购股权没有行权价值，这部分薪酬等于被罚没了。其次，它可以让管理层从股东的角度出发思考问题，比如资本如何有效再分配等，这是现金类薪酬无法办到的事情。将合理的购股权授予正直且有能力的管理层，能够帮助老股东提升股权回报。这部分回报只要超过行权稀释的不利因素，自然就能产生正面效应——股东和管理层皆大欢喜，正是所谓的“好人遇好事”。

根据我的投资经验，这种类型的“好人遇好事”，多由实控人或大股东主导并授予管理层，并且实控人或大股东自己并不领取购股权。

****

购股权并不是无成本的。**购股权的数量越多、期限越长、行权价格越低，老股东付出的代价也就越大。**数量和价格比较好理解，期限却容易被投资者忽略。一般来说，**上市公司的成长性越好，购股权的期限越长，股东付出的代价也就越大**。对于一只“十年十倍股”来说，10 年期限的购股权比 3 年期限的代价要大很多。上市公司的成长性很大一部分来自留存利润的再投资，这些留存利润本可以分给股东，留存在公司是为了获得更高的成长性，购股权却乘机搭了一趟便车。显而易见的是，搭便车的时间越长，老股东付出的成本也越高。

财报中的会计处理方法，是将授出期权的价值作为成本，每年分摊到利润表（A 股亦同）。期权定价非常复杂，大多数上市公司并不会披露估值计算过程，而计算结果也不一定符合实际情况。我的办法是将扣除的期权成本加回到利润，将所有期权数量加回到股本总数，再去计算每股收益（全面摊薄每股收益）。换句话说，就是假设这些期权已经全部被行权，也假设行权所融到的资金以现金方式趴在账面，不产生收益。

港股股权激励避“坑”指南

管理层在企业运营中的重要性不言而喻，他们是“护城河与骑士”中的“骑士”。**但“骑士”的关键在于其品格和能力，恰恰这两者都不是股权激励可以带来的**。每位员工付出劳动后都应当获得相应报酬，但遗憾的是劳动成果很难量化。

有时授出购股权仅仅是出自管理层的私心。高管薪酬和期权明显高于同行的上市公司，我坚决选择回避，毕竟普通投资者处于用脚投票的弱势地位。

如果将购股权看成薪酬的一部分，那为何许多拥有巨量期权的管理层在薪酬水平上并没有明显低于同行（甚至反而更高）？要小心那些隔三岔五发行购股权的上市公司，它们用两三年时间就能发行相当于总股份数 10% 以上数量的期权。这些期权对当期利润影响较小，但远期摊薄效应很大。这是一个公司治理问题。如果在薪酬和期权上尚且要占小股东便宜，又怎么能相信他们能公允处理收并购和关联交易呢？

两种情况下容易出现股权激励的“坑”：

一类是大股东欺负小股民。大股东同时也是上市公司高管，握有较多股份。上市公司发展得好，他们是最大受益人——这压根不需要购股权来激励。大股东之所以给自己发大量购股权，无非想从上市公司拿走更多利益，占小股民的便宜罢了。比如港股某公司，顺风顺水的经营环境，几乎可以忽略不计的研发投入，却发行了超大量、超长期的购股权大礼包——2013 年才上市，从 2014 年开始就不断授出购股权。2014 年发了 6000 万份购股权，2016 年发了 5000 多万份，2019 年发了 6000 多万份，2020 年第一季度又发了 1600 多万份，除此之外还有约 1900 万股的股份奖励计划。要知道，其 2019 年末的总股本才 8 亿多股！不用多说，自然是两位大股东拿到了最大的激励份额。因为这个原因，我特别留意了高管的薪酬：这两位大股东高管各拿了 1300 多万元的年薪，其他高管则最高不超过 200 万元。横向对比另一家同行业港股上市公司，历年的营收和净利润均超过这家公司三倍，同样是实际控制人作为最高管理层，但他的年薪只有 300 多万元，也没有给自己发任何购股权。

另一类是管理层控制公司，也就是公司没有有较大话语权的股东。管理层不持有或只持有非常少量的股权，在董事会任职并控制着公司；又或者董事会形同虚设，大小事务皆由管理层拍板。这种股权结构其实还挺常见，碰到人品较差的管理层就悲剧了。比如某港股 IT 公司，管理层主导并通过股东大会批准了一个股份奖励计划。这个计划允许上市公司设立信托，从市场上购入不超过总股本 10% 的股份，用以奖励高管及其他重要员工。因为 IT 类公司的估值相对高，所以这个股份奖励计划的代价是很大的。与购股权不同的是，这个股份奖励计划不需要高管掏一毛钱，就直接把股份奖励到人。不管股价是涨是跌，高管们都可以拿到好处。

估值很关键

购股权方案其实包括两个步骤：第一个步骤是购股权授出之后，对高管的激励作用。如果恰好是“好人遇好事”，对老股东是有利的。第二个步骤是购股权行权，**这其实是一个股份增发的动作**。如果增发价大于行权时的每股净资产，则增厚每股净资产，降低市净率。如果上市公司合理利用增发所筹集的资金，产生的资本回报能超过增发价对应的、考虑摊薄效益之后的股票收益率（市盈率倒数）①，那么这笔增发对老股东是有正面效益的。**这里要特别注意，衡量的标准是增量资本带来的股权回报，而不是上市公司旧有股本的整体回报，故不能用 ROE 来简单计算**。这是价值投资者常常忽略的一个问题，有时还构成价值陷阱。

说到这里，我们再回顾前面提到的某港股 IT 公司股权奖励计划的例子。如果它是高估值的情况下向高管授出购股权，尚有可能对老股东产生正面效益。但高估值下采用这种回购再免费送股的奖励计划，对股东来说代价实在太大了。

A 股市场的股权激励

A 股上市公司也有股权激励，方式主要有股权激励计划、限制性股票激励计划、员工持股计划三种。与港股不同的是，通常股权激励计划和限制性股票激励计划这两种形式都会设立解锁条件（业绩指标）。常见的业绩指标有营业收入增速、净利润增速、净资产收益率，等等。解锁条件中

---

① 还需考虑从募集资金到产生利润需要的时间，这段时间资金具备时间成本。增发时即已对老股东的权益产生摊薄，而产生收益可能要一年甚至几年后，比如新建的产能要几年后才能投产。常见的方法就是将这部分未来产生的增量收益进行贴现。

的业绩指标可供投资者预估未来利润，它是一个非常强烈的信号，多数情况下都是可以完成的。

这里也需要注意几点：（1）激励期前期，实际业绩不会超过指标太多。为了使激励期后期也能轻松达到解锁条件，管理层会通过会计手段（合理的）保留一部分利润，留待后期释放，也就是常说的“藏利润”。（2）越往后的业绩指标，指引作用越弱。三年期以上的业绩指标几乎没有指引作用，更多的是奋斗“目标”。（3）投资者需要根据公司实力评估业绩指标。这里有两种情况需要注意：一种是太容易实现的业绩指标，它可能只是管理层大幅增加自己薪酬的手段而已；另一种是太不容易实现的业绩指标，它可能只是配合炒作股价的廉价烟幕弹而已。比如 2017 年下半年，某上市公司就发出股权激励计划，其中 2017 年的解锁条件是净利润增长 80%。紧接着股价上涨，成交量大增，构筑了一个高点。但好景不长，没多久股价就开始延绵下跌，一年后腰斩。最终 2017 年的业绩结果距离激励指标还有一段距离（其后两年也没完成）。按理说股权激励计划发布时，2017 年已经过去了一大半，管理层理应对全年业绩心里有数，不应放“高射炮”。

这里再提一下，在 A 股市场，股权激励计划是激励对象按行权价认购新股，它涉及增发新股；而限制性股票激励计划是上市公司在市场上回购股票，再低价卖给激励对象。对于投资者而言，两者都是有成本的。当然，高估值增发对老股东是有利的（包括大股东），**所以有时股权激励计划的主要目的不是激励，而是曲线进行股权增发**。

最后是员工持股计划，它没有解锁条件，上市公司在计划发出后就陆续买进股票了。有时员工持股计划来自实控人或大股东的意愿，或为激励员工，或为提振股票市场信心。这时可能存在“抽屉协议”，比如大股东给员工保底甚至保固定收益。也有时，它是出于管理层及员工自己的意愿，此时股票的低估信号更强烈，毕竟员工更了解企业经营情况，他们是真金白银买入自家股票并承担经营风险。如果员工持股计划带杠杆，多会以信托、资管、独立公司等形式进行，**这种情况下管理层会倾向于大比例分红**，以便偿还借贷利息。

留意可转债的“摊薄效应”

可转债在港股也被称为可转换优先票据，英文缩写为CB。港股的CB多面向机构发行，普通投资人很难买到。因此我们拿A股的可转债来举例说明。

不论可转债最终是否转股，其持有人都是上市公司的部分拥有者。可转债持有者要么被视为潜在股东，要么被视为债权人。这两者都可以对上市公司产生影响。

A股的可转债是由上市公司发行的、一种附带转股权的债券。(1) 在转股期内，三种情况下投资者会选择将可转债转换为正股，以获得比债权更高的收益：①存在转股套利空间；②满足强赎条件且上市公司对可转债发起强赎；③可转债即将到期且转股价值大于到期赎回价。从这个角度出发，我们将可转债看成**“股权增发+认沽期权”**(此时可转债着重体现为股性)。因为可转债的转股价折扣比定向增发要少，所以此处认沽期权可看作是对转股价折扣的补偿。(2) 如果正股股价低于转债的转股价，且不存在转股套利空间，那么投资者也可以一直持有并收取本金和利息。此时它可以看作**“债权融资+认购期权”**(此时可转债着重体现为债性)。因为可转债的利息比纯债要低，所以此处认购期权可看作是对较少利息的补偿。

可转债的转股价应不低于募集说明书公告日前20个交易日公司股票交易均价和前一个交易日的均价，同时考虑上一个审计年度的每股净资产①。

---

① 并没有成文规定要求转股价不能低于上一年度经审计的每股净资产，但为了照顾股东的利益，很多上市公司会把这一条写进转债的募集说明书。不排除部分上市民企会涉险越线——特别是它们无力偿还转债本金时。上市国企因为会涉嫌国有资产流失，通常不会越线。

很显然，在股票估值偏高时发行可转债，对老股东更有利。

如果上市公司已有发行在外的可转债，那么股票的估值就必须考虑其潜在摊薄效应。通常可转债附带“下调转股价”的条款——在满足某些条件后，经股东大会批准，可以下调其转股价。对于可转债投资者来说，这可能是一个惊喜大礼包。但对于已经持有正股的老股东来说，则是一颗暗雷。**上市公司无力或不愿偿还可转债的本金时，会考虑下调转股价以促成可转债转股，这会加大摊薄程度，不利于老股东**。跟授出购股权类似，这类转股价下调的动作，通常由大股东主导，小股东只能用脚投票。

第三章

贴现思维与风险、杠杆、成长性

很多投资者在进行股票估值时，主要就是看PE（市盈率），接着是PB（市净率）、PS（市销率）、ROE，等等。其实，各种估值方法都有自身的优缺点，单独使用某一种方法进行估值，可能忽略某些关键因素。例如上一章我们就提及：估值还必须考虑资产负债结构。

这一章我们来看看现金流贴现思维，它和“复利奇迹”之间呈镜面关系。在现金流贴现思维下，我们要考虑如何审视风险补偿，如何审视杠杆率，以及企业如何通过加杠杆（冒更大风险）来追求成长性。

现金流贴现思维

现金流贴现模型是适用范围最广的估值方法。不同行业、不同生命周期的上市公司，甚至不同种类的投资标的（比如股票和债券），都可以使用现金流贴现模型来进行横向比较。虽然应用广泛，但是它的缺点也比较明显——它更适合债券这类现金流容易被预测的投资品种。

如果用现金流贴现模型给上市公司估值，我们将面临三个重要的取值难点：**未来现金流（成长性）难以估计，终值难以估计，贴现率难以估计**。现金流贴现模型有一个特点，即采用的数值变动一小步，得出的结果跳跃一大步。怪不得有人说，只要调整这三个数值，便可以得出分析师想要的任何结果。

巴菲特用现金流贴现模型思考估值问题，芒格却称："虽然我们认为这是计算股票内在价值最合理的方式，但是我从未见巴菲特计算过。"

因此，我们不妨抛开具体计算过程，重点掌握它的思考方法。之所以要将未来现金流进行贴现，是因为未来的 1 元钱比现在的 1 元钱"便宜"，这不仅仅是因为通货膨胀，更源于资金的时间成本——投资者之所以愿意放弃现有的消费能力（去投资），是为了在未来获得更高的消费能力。你可能想不到：现金流贴现和“复利奇迹”呈镜面关系。投资者具备复利思维以后，现金流贴现思维其实就是把复利思维反过来。

比如我们常说的“十年十倍”，转换一下就是每年26%左右的复利回报。现在你拥有10万元，在未来10年总计可获得约90万元的投资回报，10年后资产可达到100万元。反过来，你把未来的90万元收益及第10年末收回的10万元本金，以26%的贴现率贴现，那么它的现值就是你目前拥有的10万元。

初入股市的投资者，常常高估自己的投资能力，把“十年十倍”设为起步目标。不过你也别介意，我当年也是如此，不然也不会投入这么多精力到股市。

如果把26%设为贴现率，任何一只股票都扛不起永续现金流贴现模型。因为不可能有哪家企业的永续增长率可以达到26%。实际上，任何一家企业的永续增长率都不可能大于GDP增速，否则终有一天其将占满但仍无法超过GDP。这就好像两个套在一起的圆圈，里面的小圆永远无法大于外面的大圆。

用贴现思维审视风险补偿

如果同一行业的两家上市公司，成长性差不多，且其股票的市盈率、市净率等条件相同，我们可以无差别地买入吗？我们要不要考虑负债因素？如果其中一家的综合借贷成本是8%，而另一家只有4%，对于股权投资者来说，还是一回事吗？显而易见，当然不是！更进一步思考，8%与4%的差别，并不只是简单地多出一笔利息费用。

2020年上半年，世界经济受到新型冠状病毒肺炎疫情的冲击，各国陆续“放水”救经济，我国国内的市场利率也开始下行。当经济受冲击时，资金的避险情绪非常浓烈。以美国为例，投资者纷纷抛售股票、债券等高风险资产，买入美国国债。这使股票等高风险资产价格下跌，美国国债则价格上涨。而美联储后续的救市方案，其中之一就是开动印钞机购买美国国债。有买就有卖，卖出美国国债的投资者收到现金后，一部分资金将回流到风险较高的债市、股市，支撑它们的价格，以达到救市的效果。

经济危机出现时，一个比较有趣的现象就是**无风险利率会下降，但违约风险补偿利率会上升，两极分化**。下面是 A 股地产股中的一些案例：

2020 年 2 月之后，老牌优秀地产公司的发债利率已经开始下降。2020 年 4 月 20 日晚，金地集团发公告下调“18 金地 03”（2 +1 年期）的票面利率，由 5.29% 下调至 1.5% 。2020 年 6 月，万科将“17 万科 01”的 3 + 2 年期债券的后两年利率由 4.5% 下调至 1.9% ；“17 万科 02”则由 4.54% 下调至 2.3% 。[①] 除此之外，国企由于有较好的信誉背书，发债利率也开始下降。华发股份 2020 年 2 月下旬发行的 15.8 亿元的 3 +2 年期债券，利率仅为 3.38% （其最近一次的发债是 2019 年 8 月的三年期债券，利率 4.45% ）。

相比之下，部分高杠杆的民营开发商发债利率下降很少，比如荣盛发展、阳光城、蓝光发展等——尽管这三家都拿到了 AAA 评级。阳光城 2020 年 4 月下旬发行的 2 +2 年期利率为 6.95% ，3 +2 年期为 7.3% （其最近一次发债是 2019 年 4 月的 2 +2 年期，利率为 7.5% ）。荣盛发展境外子公司 2020 年 2 月发行的 364 天美元债利率为 8.75% 。蓝光发展 2020 年 6 月初发行的债权融资计划 1 +1 +1 年期的利率为 10.5% 。

这种避险思维不光出现在债券市场，股票市场也一样。2020 年上半

---

① 金地集团下调债券利率后，交易所向其发起了问询函。因其债券募集说明书中的表述为：“公司有权在‘18 金地 03’公司债券存续期的第 2 年末选择调整其票面利率，存续期后 1 年票面利率为存续期内前 2 年票面利率加公司提升的基点。”长期债券由于期限长，所以在中间时段设一次回售及调高利率的机会，构成“两段式”债券，以减少初始债券投资者的利率风险，利于募集初始资金。很显然，两年前金地集团并未料到利率会如此下行！4 月 28 日，金地集团不得不公告取消利率下调，因为“提升的基点”不应包括提升负基点这种情况。与此同时，万科的债券则成功下调利率，因其募集说明书表述为“调整基点”，而非“提升基点”，两字之差，结果迥异。

年，A股和港股中的高负债型上市公司，股价表现普遍较差，其中几个重点灾区就是地产、保险、银行。高负债就是高杠杆，它放大经营成果，但同时也放大风险。**这种股价走势一定程度上反映了资金的避险情绪**。与此同时，“喝酒吃药”[①] 成为投资主流。其实不光这一次，A股几轮熊市中都是“喝酒吃药”这类弱周期的股票相对强势。

****

之前我们提过，股权投资者在给股票估值的同时，债权投资者也在评估上市公司。对于债权的评估，现金流贴现是最合适的方法了！债权的现金流就是各期的利息，这已经写在纸上，它不像股权那样受公司经营影响（不能付息的情况归入违约风险）；债权的终值也非常确定，就是债权的本金。相比之下，股权的现金流贴现模型还需要计算终点时的股权价值，而这并不容易。综上所述，债权的现金流模型难点就只剩下贴现率的取值。

债权贴现率等于同期限的无风险利率，加上该债权的违约风险补偿。相同的现金流，如果采用较高的贴现率，会得到较低的现值。反过来说，为了得到相同的现值，较高贴现率的模型必须要求更多的利息。所以高风险债权必须要求高利率，以弥补其违约风险。

股权投资者的受偿权在债权人之后，所冒的风险也大于债权人。债权违约事件一旦发生，股权投资者受到的损失会更大，最坏情况是归零。如果我们用贴现思维来看待股权估值，则**股权贴现率至少要大于有息负债的综合融资利率，甚至更保守一点，要大于其中最高一笔有息负债的利率**。因此，借贷利率更高的上市公司，其股权的贴现率要求也更高，**此时股票的低估值反映了更高的风险补偿**。

---

① 指酒类、医药类企业。

****

2020 年上半年，上述借贷利率高的几家房企，估值也明显更低。荣盛发展 3 月 19 日创下 7. 12 元的最低价，对应 2019 年每股收益 2. 1 元，静态市盈率仅仅为 3. 39 倍，这也是当时我观测到的 A 股最低市盈率股票（扣非后）。蓝光发展也曾在 5 月、6 月下跌至 5 倍市盈率之下。根据我十多年的投资经验，A 股整体估值一直偏高，极少有股票会长期保持在 4 倍市盈率之下，3. 5 倍更是极度罕见。最终结局，要么是股价大涨，要么是业绩暴雷。我曾见过一次银行股瞬间跌破 3. 5 倍市盈率，见过一次建筑股瞬间跌破 4 倍市盈率，这次又见了一次地产股瞬间跌破 3. 5 倍市盈率。是机会，还是风险？时间会给出答案。

以贴现思维审视杠杆率

我们都知道杜邦分析，其中有这样一个等式：

净资产收益率（ROE） = 资产净利率（净利润 ÷ 总资产）× 权益乘数（总资产 ÷ 总权益资本）

如果权益乘数上升的正效应 > 资产净利率下降的负效应，那么提高杠杆率就能提高 ROE。换个角度说，如果增量资金的回报率 > 有息负债税后成本，增加杠杆就能增加净利润。这是许多投资者对杠杆的理解，初步看也并无重大错误。我们在此基础上继续思考。

其实上市公司的借贷成本并非一成不变的。**在加大杠杆率的同时，其借贷成本是逐步提升的**。因为在股东权益不变的情况下，负债越多，还款能力越弱，违约风险越高。为了弥补这个违约风险，债权人必须要求更高的利率。这个链条继续反馈到股权，即杠杆加高的同时，股权的风险也是上升的，因为其经营和违约风险也在加大。一旦上市公司不能按期还款，就会遭遇破产或债权重组。

所以，杠杆往上加（合理范围），ROE 确实也能提升，但这是在冒更高风险的基础上取得的。因为风险更大，所以必须在现金流贴现模型中调高贴现率，最后得到的计算结果（现值）恐怕并不一定会升高。

****

对于上市公司的财务杠杆水平，需要具体问题具体对待，同时也取决于投资者的风险偏好。**在加杠杆能获得正收益的情况下，我更希望看到低风险的上市公司加杠杆，高风险的上市公司降杠杆**（即使不得不放弃部分超额收益）。

如果是风险较低的行业，比如公用事业，我更乐意见到上市公司通过加杠杆来获取更强的成长性。公用事业有风险性较低的特性（也有例外），所以其在加杠杆的过程中，借贷利率不会上升很快。

如果上市公司面临的风险较高，杠杆又降不下来，那么，作为投资者，我**只能用控制仓位的方法来对冲了**——即使再看好这家公司，也要保持理性的大脑和较低的仓位。

****

我们来看两种极端情况下，常常会遇到的一些事。

一些公司的信用度好、负债率低，因此可以从市场上拿到极低的借贷利率。这可以看作一项资源，但并不是所有人都懂得好好利用。有时它们玩起了“套息”，即从银行或其他金融机构借入资金，再转手以更高的利率放贷出去；又或者给第三方的借款提供“担保”，收取担保费。这其实就是提高风险度以提高收益。至于借贷决策是否正确，取决于对下游借款人的风险评估是否合理，以及风险中不利的概率事件最终会不会发生。

说实话，我个人并不看好这种行为。首先，评估违约风险是银行等专业债权投资人做的事情，普通上市公司玩“套息”通常并不专业。其次，这增加了上市公司的复杂程度，让投资者研究起来更费劲，说不定还会踩雷。比如借款方不能还款，或者大股东借此转移并掏空上市公司资产。最后，一旦玩起“套息”，说明上市公司的增量资金没有更高收益率的项目可投，很可能遭遇“资本冗余”陷阱。关于“资本冗余”的话题，将在后文详细展开。

另一种极端情况，上市公司负债非常高、股东权益非常低，这时股东权益反而可能被溢价看待。为什么呢？这是公司主体的有限责任造成的——你可以失去的很少，得到的却可能很多（有点像彩票购买行为）。极端点看，股权账面价值一块钱，欠贷几十个亿，这样的上市公司会一块钱卖给你吗？显然不会[①]！下一次你见到超高负债率的上市公司，它甚至都没什么利润，但股价却以较高的市净率交易——不要觉得奇怪——这里更多体现的是对风险的溢价（喜好）。“搏一搏，单车变摩托。”

杠杆与成长性

这个案例来自公用事业行业，是一家中小型的城市燃气公司：天伦燃气。

站在2020年这个节点看，城燃股已经过了“黄金”年代。早些年，各城市的燃气公司从无到有，相继开花，诞生了新奥、华润等城燃巨头。

城燃是区域垄断型的公用事业，一个城市或区域通常只存在一家城燃公司，以此避免燃气管道的重复建设，以及发生燃气事故后的相互推责。一个萝卜一个坑，当坑都占满了以后，留给后来者的空间也就不多了。其实很多行业都是如此，最肥美的肉总是最先被吃掉。高速公路从发达地区开始，慢慢往不发达地区建设；水电站先开发蓄水及施工等条件最好的，

① 商战中确实存在一块钱出售企业，甚至倒贴钱出售企业的情况。但这大多还有额外的合同条款，附加了一些潜在的义务，比如维持运营多长时间且不得解聘员工等。这就需要“接盘侠”继续往里投钱，看上去的免费午餐实则是烫手山芋。

再慢慢往难度大的地方走；垃圾焚烧发电，先开发人口密度大的城市圈，再往人口密度小的三四线城市甚至乡村中去。

既然如此，起步较晚的天伦燃气该怎么脱颖而出？我们先看表 3 - 1。

表 3 - 1　2010—2019 年天伦燃气经营情况

序号	项目	2010 年	2011 年	2012 年	2013 年	2014 年	2015 年	2016 年	2017 年	2018 年	2019 年
1	营业收入（千元）	251,267	450,931	716,362	911,939	1,343,936	2,251,970	2,693,094	3,109,014	5,113,254	6,548,618
2	净利润（千元）	73,360	90,353	149,223	186,288	250,939	317,982	334,409	429,157	600,360	813,468
3	总销气量（万立方米）	5,808	10,539	15,471	18,106	25,759	62,055	91,752	106,359	129,236	156,640
4	股东权益（亿元）	5.59	7.84	8.96	10.9	14.77	27.82	27.52	31.18	35.44	41.87
5	总有息借款（亿元）	3.14	4.71	8.06	10.11	13.83	27.37	35.88	38.67	54.18	51.92
6	第 5 项/第 4 项(%)	56.17	60.08	89.96	92.75	93.64	98.38	130.38	124.06	152.88	133.47

天伦燃气于 2010 年 10 月在港交所上市。经过 9 年时间，营收增长 25 倍，销气量增长 26 倍，净利润增长 10 倍。回顾这 9 年的经营之路，我们可以看到杠杆在其成长过程中的巨大作用。2010 年末，天伦燃气的有息借款只有 3.14 亿元，而 2019 年末则达到 51.92 亿元，增长了 15.5 倍，有息借款与股东权益的比值从 56.17% 上升至 133.47%。

从资本结构上看，对成长帮助较大的两个动作，一个是上述的加杠杆，另一个则是两笔高 PB 的股权再融资。其中 IPO（首次公开募股）上市是一次，2015 年引进战略投资者 IFC 是一次。高 PB 的股本融资以后，股东权益增长较大而老股东稀释比例较小，接着又可以凭借增加的股东权益去借更多的有息负债。城市燃气类公用事业的经营稳定性较强，信用度高，所以它们受到债权人青睐。天伦燃气在一路加杠杆的过程中，给股东带来的经营风险并未显著提高。

上市公司的杠杆并不是老虎，不要谈虎色变，应具体问题具体对待。

试想一下，如果天伦燃气一直保持较低的负债水平，还能获得如此高的成长性吗?

天伦燃气上市前经营的城市燃气项目只有3个，而截至2019年末已经扩充为63个。通过内生性利润和加杠杆不断收并购，是其成长的重要原因之一。根据统计局数据，全国有一千多家城燃公司，其中很多是小型私营企业，这些都是天伦燃气的收并购目标。因为种种原因（比如财产分割问题），每年都有小型城燃公司标价出售，天伦燃气只需每年收购其中的2～3家，就可以获得可观的外延成长。

因为行业特性，这些小型城燃公司现金流好，经过多年经营，往往已经没有负债，而且账面的资产也差不多折旧完了。在财务报表上体现为：低净资产、高ROE、无负债。说到这里，我们再来看一个有趣的现象。

当被收购的公司为10～12倍PE时，因为天伦燃气本身有杠杆，所以在目标公司被收购进来以后，被收购公司的市盈率就自动降到6～7倍了（考虑负债成本约年化5%）。后期天伦燃气可以通过抵押目标公司的收费权借债，也可以直接用无抵押信用借款来保持杠杆水平。

很多投资者在估值时，重点看市盈率、市净率等指标，忘记考虑资产结构。通过这个例子你会发现，“无负债的11倍PE”与“有负债的6倍PE”其实是相通的。

****

对于能获取控制权的收购（区别于财务投资），整体收购成本应当还原为：

整体收购成本＝收购单价对应的整体市值－冗余现金[①]＋有息负债－

① 可以抽走且不影响公司运营的现金。

可冲销债务价差[①]

在计算出整体收购成本之后，再去计算市盈率、市净率等指标，才更贴合实际，也更方便横向比较。在实业收购时，老板们不可能忽略负债结构，但股票市场上的投资者常常忽略它。依据经典价值投资理论，购买股票就是购买上市公司的一部分，所以投资者也应当以“老板”收购的角度去思考上市公司的负债结构。

另外，普通中小投资者还需要正视“控制权价值”。既然控制权是有价值的，那么没有控制能力的股票自然要扣掉一个“控制权价值”，体现为“非控制权折价”。在没有控制权的情况下，你无法抽走冗余现金，也无法完成债务冲销，这里体现的就是“非控制权折价”。关于这个问题我们在本书第六章中还将继续讨论。

****

我们再来看一个医药行业的案例。

图 3－1 引自康哲药业 2019 年年报，我们可以看到其近 10 年来营收和净利润都取得了 25% 以上的复合增速，而且这个成绩是在上市后没有股权再融资的情况下取得的。

2016 年 2 月 29 日，康哲药业发布公告称，以 3.1 亿美元（当时约合 20.29 亿元人民币）的代价获取阿斯利康旗下非洛地平缓释片（波依定）在中国商业化许可产品的独家权利。从当时来看，这笔交易是非常划算的，为康哲药业的成长性作出了较大贡献。不过，两年多以后国家出台了

① 如果收购者持有被收购公司的折价债务，那么这个折价可以随着收购动作完成而被抹平。比如：被收购公司的债券在市场上以八折价格交易，这时收购者可以按八折价格买进债券，收购事项完成后则按 100% 原价冲销有息负债。

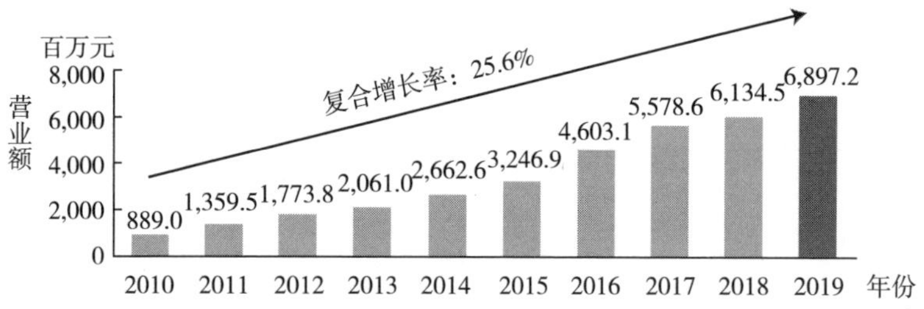

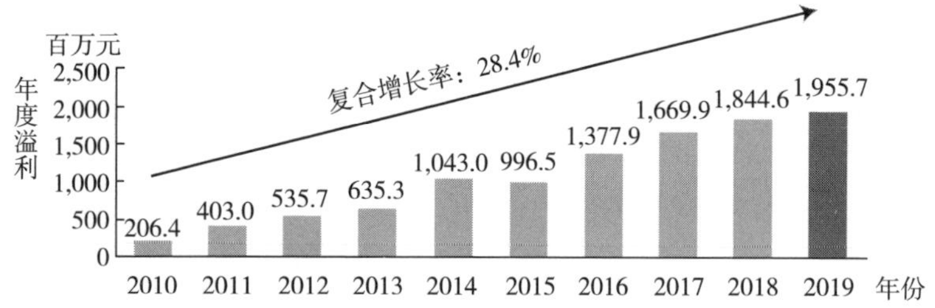

图3－1　2010—2019年康哲药业营业额与利润

资料来源：康哲药业2019年财报。

医药集中采购政策，对这笔交易的影响偏负面，这是后话。[①]

2015年年报中，康哲药业的有息负债为4.64亿元，2016年、2017年则分别为16.12亿元、26.9亿元，这两年有息负债的提升主要是通过借债来支付那3.1亿美元（分两期付款）。而2018年、2019年有息负债分别减少至17.2亿元、6.94亿元，基本恢复到拿代理权之前的水平。这说明康哲药业净利润质量较高，用真金白银偿还了有息负债。如果遇到下一个有利可图的大品种，康哲药业又可以通过加杠杆一举拿下。它运用财务杠杆的方法是有弹性的，在合适的机遇下可以实现跨越式发展。

① 2016年当年，波依定给康哲药业带来了9.35亿元的营业额，占公司总体营业额的19.1%。波依定在2017年、2018年还原两票制后的营收分别为13.79亿元、14.5亿元，环比分别增长46.6%、5.2%（2019年未单独披露）。截至2020年6月30日，波依定尚未被纳入集中采购，也没有竞争药品通过一致性评价，预计两年内不会被纳入全国药品集中采购。

第四章

股票是一张“可作弊”债券

股票与债券是两种不同的证券，但两者又有很多相似之处。用投资债券的思维去看待股票，是贴现思维的具体应用。

如果上市公司经营困难，面临破产重组，这时股价会跌至冰点，因为股权价值可能被清零。与此同时，其发行在外的债券也会大幅下跌，百元面值的债券跌到二三十元也不稀奇。此时的债券呈现股性——波动大、风险高。反过来看，处于稳定行业的成熟期上市公司，如果零增长、高派息，那它的股票也可以看作一张债券，此时稳定的股息则类似债券的利息。

本章我们主要讨论如何用债券思维去看股票。

债券投资不具备复利效应

许多债权也分优先级与劣后级，甚至在优先级中又分出好几个等级。优先级的债权利率低，优先受偿。劣后级的债权利率高，但如果企业经营困难，也可能拿不到利息，它的受偿顺序排在优先级之后但又在股权之前。与优先级相比，劣后级更偏向股权端。

垃圾债券或期限较长的债券，我们可以多用一点股权思维去看待。对于股票，我们也可以用债权思维去思考。不管多么复杂的金融产品，比如可转债、期权、衍生品等，都可以划分为股权性质和债权性质，也就是我们常说的“股性”“债性”。

债券与股票最主要的差异是优先级，债券优先级更高，体现在清偿顺序和利益分配顺序上；其次是回报的稳定性，债券的回报更固定；最后是期限，债券的期限较短，而股票是永续性质。

用债权思维思考股票，首先要把两者拉近。债券中有一种叫永续债，它的期限跟股票一样，所以永续债有时也和优先股一样被当作股权看待①，

① 在实操层面，永续债经常利用阶梯利率的方式，将几年后的利率跳升到很高水平，迫使公司赎回。

它在会计报表中可以列入负债，也可以列入股东权益。

我们先不考虑违约风险，假设一只无风险的永续债券 A①，发行时票面利率为 8%，面值 100 元。如果市场利率短期并无变化，那么上市后它的交易价格也会保持在 100 元附近。一段时间以后，市场利率下行，同类无风险永续债 B 发行利率降至 2%，此时债券 A 的价格将上涨至 400 元，保持其利息收益率与同类产品的利率相近。

假设投资者在发行时以 100 元的价格购入永续债券 A，那么他每张债券每年可获 8 元利息。待到市场利率下降，永续债券 A 的价格上涨至 400 元以后，它其实与新发行的永续债券 B 是完全相同的——虽然票面利率和交易价格不同。

此时一个头疼的问题来了，**投资者拿到永续债券 A 的利息后，无法再以 100 元的初始价格购入债券 A 了**。不管投资者是买入新发行的票面利率为 2% 的永续债券 B，还是买入已涨至 400 元的票面利率为 8% 的永续债券 A，资本再投的投资收益率都将毫无疑问下降至 2%。不光是利息，投资者的新进资金（比如薪资收入等）也无法以 100 元的低价买到永续债券 A 了。

20 世纪 90 年代初，我国通货膨胀率较高，市场利率高企，保险公司曾开出很多高利率保单，尤以寿险保单为多。时至今日，不少高利率保单仍在运作，投保人每年都可以拿到较高回报。虽然如此，但投保人无法加码当初的高利率保单。这是现实生活中一个比较类似的例子。总结来说，就是**债性投资在收益增长上不具备“复利效应”**。

股票拥有“可作弊”的一面

我们再来看看股票。

---

① 目前我国市场上并没有这种无风险的永续债券，超长期国债与之相似。

股票的ROE指的是净资产收益率，即净利润÷股东权益。计算公式中，分母的股东权益是全年加权的，各大上市公司财报所列示的ROE均属此类。正因为分母是全年加权计算，所以它不能反映期初股权持有者的真实回报率。为了解决这一问题，这里我们用“期初ROE[①]”来代替。

对于一只优质且期初ROE较高的股票来说——比如20%——它相当于票面利率20%的永续债券C。优质股票往往以较高的价格出售，假设它以每股净资产4倍的价格交易，则相当于永续债券C的交易价格为400元（面值为100元），此时股票的市盈率为20倍。

原始股东以原价投资这只优质股票，对应的回报率为20%。但上市后它的价值很快就被市场发现，价格涨至每股净资产的4倍。这时原始股东无法以原价继续买进，新投资者同样无法以原价买入。这种情况，与前面我们讨论的永续债券A、B类似。

不同之处在于，股票拥有“可作弊”的一面。债券的利率是固定的，但股票的业绩可以增长。上市公司的业绩增长来自两个部分：一部分是原有资产的盈利能力提高，这可能是由产品提价、控制成本和费用、扩大生产及销售规模[②]等方式带来的；另一部分是新增资产带来的新增利润，这部分可以看作在原大店的基础上新开小店，新增资产的途径无外乎股权再融资、新增净负债、利润滚存。

其中利润滚存是股票复利增长的一个重要原因。

举一个简化的例子。假设一只股票的每股净资产是100元，期初ROE是20%并保持较长时间，假设增量资本（包括留存利润）同样可以获得20%的期初ROE，即新开的“小店”与“大店”一样赚钱。市场上股票的交易价格为400元，也即市净率为4倍，此时市盈率约为20倍。假设派息比例为20%，也即利润80%留存。

---

① 期初ROE=（全年净利润÷期末股份数量）÷期初每股净资产。

② 产能利用率低于100%时，不构建固定资产也可以扩大生产及销售规模。

一年后，100 元的净资产赚回 20 元，其中 4 元用于分红，16 元利润滚存用于开设新的“小店”。再过一年，116 元的净资产可赚回 23.2 元……十年内的详细情况如表 4－1 所示。

表 4－1　10 年中利润再投资的收益演化　　单位：元

项目	第 1 年	第 2 年	第 3 年	第 4 年	第 5 年	第 6 年	第 7 年	第 8 年	第 9 年	第 10 年
每股收益	20.00	23.20	26.91	31.22	36.21	42.01	48.73	56.52	65.57	76.06
每股留存利润	16.00	18.56	21.53	24.97	28.97	33.61	38.98	45.22	52.45	60.85
每股分红	4.00	4.64	5.38	6.24	7.24	8.40	9.75	11.30	13.11	15.21
分红后每股累积净资产	116.00	134.56	156.09	181.06	210.03	243.64	282.62	327.84	380.30	441.14

由表 4－1 我们可以看出，当留存利润再投后能获取与原资本相同（或相近）的回报率，这时就产生了复利效应，**这部分留存利润相当于在股价 400 元的时候，仍以 100 元的每股净资产价格进行了复投**。这是债券无法做到的——债券价格一旦上涨，投资者获派的利息就只能以上涨后的价格复投。

复利效应发挥作用后，分红逐步从 4 元上涨至 15.21 元，10 年间总计收到分红 85.27 元，已经接近初始投资额。**投资者注意，我经常听到类似“市盈率 5 倍就是 5 年回本”的说法，这是对市盈率的重大误读**。很显然，此处最初的 20 倍市盈率也并不需要 20 年回本。在分红的同时，其净资产也从 100 元上升到了 441.14 元。在本章的稍后部分，我们还将继续探讨这个话题。

在这个模型中，如果分红率改为 100%，也就是说所有利润全部用于分红，那么股东就失去了“作弊”的机会，无法以 100 元的每股净资产价格复投。**这就是“高 PB、高 ROE、高分红率”组合的投资陷阱，投资者应当重视**。

所以你看，股票“可作弊”，但这个“作弊机会”不一定能出现，**它取决于分红率，也取决于留存利润这个“小店”能取得多高的期初 ROE**。

上市公司留存利润复投的期初 ROE 高于社会平均回报率时，才有“作弊”的意义。换言之，对于高成长性的优质上市公司，这个“作弊”的功能才能派上用场。这就好比同桌的成绩比你还差，那你还抄他的答案干吗呢？比如，市场无风险利率提高到 10%，这时前例中的永续债券 A 将降价至 80 元。此时你收获的利息完全可以按市场价 80 元买入，而不用考虑以原价 100 元买入，此时的“作弊”毫无意义。

留存利润构建“可作弊”资产

企业赚取的利润增加股东权益，根据会计恒等式“资产 = 负债 + 股东权益”，得出的留存利润除了分红以外，要么用于偿还负债，要么用于构建资产。上市公司业绩复利增长的重要途径之一，就是利用留存利润不断构建生息资产。当然，上市公司也可以用留存利润去偿还有息负债，这样也可以减少利息开支、增加利润。但理论上说，减少有息负债终会“到头”（降至零），而构建生息资产则没有“天花板”。

新的会计准则下，“其他综合收益”科目也能增加股东权益（净资产）。通常一些报表会把汇兑损益、金融资产的“浮盈浮亏”等算在其他综合收益里。会计是一门语言，可能会有不同的表达，但是，事件一旦发生，不管会计怎么做账，都不会改变事件本身。

上市公司除了用留存利润构建生息资产，也常常同时用新增负债的方式构建生息资产，这两者混合在一起，无法拆分。钱就像水，一笔资金进入上市公司就好比一滴水进入了水缸，无法具体区分——即便很多资金在募集时规定了用途，我们也很难搞清上市公司利润增长的出处——是旧有资产的效率提高，还是留存利润再投资的复利效应，又或者是新增负债的杠杆效应。

我们可以把问题简化，如果上市公司的有息负债率保持不变，而期初

ROE 能做到与往年持平（并无逐级下降趋势），我们就认为其留存利润构建了“可作弊”资产（与原优质股权等效）。如果有息负债率有变化，我们再相应增加或扣减边际负债成本，去做调整。

“可作弊”不等于铁定 100 分

相对于债券来说，股票“可作弊”，这是一个“神”存在。即便如此，投资者也不能放松警惕，因为并不是“作弊”就铁定能拿满分。**“作弊”的秘诀是用留存利润构建生息资产，但生息资产的价格和回报率都可能变化**。

我们来看高速公路行业，其为典型的“过桥收费类”。高速公路的业绩增长主要来自两个途径：一个是汽车保有量增加，促使高速公路的通行量增加；另一个是修建新的高速公路，增加高速里程数。其中第二条途径就是高速类上市公司留存利润主要的发力方向①。但是，它“作弊”时面临一个难题——高速公路的修建成本逐年增加！

我们以高速线路大部分位于河南（平原地形）的中原高速为例，旗下的漯驻高速的总投资为 14.66 亿元（2001 年 9 月开通，全长 67.2 公里），每公里仅合 2181.5 万元。2005 年 9 月开工、2007 年 12 月通车的郑石高速，建设成本已升高至 4791.2 万元/公里。2014 年开始修建的商丘至登封高速公路郑州段，预算成本已经达到 8848 万元/公里。以上几条高速公路主要位于平原地区，隧道桥梁较少。如果是山地丘陵地带的高速，建设成本还会更高。我们知道，现实中一般高速公路是（政策扶持除外）先建设人口多、经济好的地区，或者先建设建造成本低的地区，这样才能使利润最大化。甘蔗先吃甜的一头，意味着后面的部分越来越难啃，所以高速公路上市公司利润再投时，有可能面临资本回报率逐级下降的趋势。

---

① 也有一些高速公路上市公司走多元化投资之路。

虽然造价越来越高，但高速公路的收费价格并不能自由调整。皖通高速2019年财报第37页这样描述：“本公司的盈利主要来源于收费公路投资及经营。根据《公路法》等相关规定，高速公路公司本身没有收费标准的自主定价权，收费标准的确定与调整须报省交通主管部门会同同级物价主管部门核定批准。政府出台新的高速公路收费政策，高速公路公司须按规定执行。近年来，收费公路领域改革加快推进。《收费公路管理条例》（修订稿）尚未颁布；取消高速公路省界收费站、加快ETC发展、通行费计费方式及收费标准调整等政策不断出台，长期有利于提高收费公路效率，但中短期导致高速公路减免金额不断上升，成本投入持续增加，预计将对公司的经营业绩产生影响。”

在皖通高速2018年财报第223页，我们可以看到，其截止到2018年末仍在执行2011年11月10日的收费标准。一直到2019年12月31日，公司才发公告，称次日调整收费标准，但这次调整主要是计价方式的改变而非涨价，部分车型的费用甚至降低了。

为何说“赚的是假钱”？

前面我们讨论过，盈利相同的上市公司因为资产负债结构不同，价值也会不同。与之类似，**盈利金额相同的两笔净利润，由于其最终流向不同，也将产生不同的价值**。

如果某只股票估值极低，投资者免不了会调侃它“赚的是假钱”。事实上，有许多公司还真就“赚的是假钱”！企业的净利润只是一种财务表达形式，并不是所有企业赚取的净利润都是真金白银。有时企业的净利润堆积在资产表上，变成了存货、无形资产、商誉，等等。而这些资产的价值，很可能小于它们的账面价值！企业净利润所构建的资产，如果不能变现，也不能达到平均社会资本回报率，那么这个净利润就有水分。而更差的情况是那些有毒资产：在后续的时间，它们不仅不能贡献利润，反而要源源不断地继续往里投钱！

我们假设无风险利率是3%，对应的风险补偿利率是4%。如果上市公司每年用净资产能赚回7%的净利润，这时上市公司账面标价的每1元净资产，其真实价值为1元（当然此时没有折扣，占不到市场先生的便宜）。**这样理解对吗？不完全正确！有一个前提条件，即只有当每年赚到的那7%的净利润仍然能每年（永续）获得7%的回报时，上述说法才正确**[①]。

一个常见的例子：假设上市公司应收账款的增加额大于或等于其取得的净利润——我们知道应收账款并不是生息资产——那么这类的盈利无法产生复利效应，属于盈利质量较差的类型。如果在未来这些应收账款得以收回95%，那么今天的1元应收账款的价值将小于0.95元（贴现后得到的现值更低）。

另一个例子关于冗余现金和分红：上市公司净资产100亿元，当年赚取了7亿元的净利润，然后把这7亿元全部存银行活期，获取0.3%～0.5%（显著低于7%）的利息。如果第二年、第三年、第四年……上市公司年年都这么干的话呢？[②] 对于无法控制上市公司的中小股东来说，公司赚取的1元净利润显然不能值回1元的市值。如果公司赚取的7亿元利润全部分红给股东，在没有红利税的情况下，它赚取的每1元净利润能够值回1元。中小股东拿到分红可以去消费，也可以去投资，控制权在自己手里。这个例子是控制权溢价和非控制权折价的一个表现。

最后是一个关于低效资产的例子。某大型基建公司，按港股计价其市值约为600亿元人民币（2020年中），近些年的净利润都在200亿元左右。这只市盈率仅仅3倍的低估值股票，会不会是一个投资机会呢？再深入分

① 这其实就是现金流贴现公式中，7%的成长性，用7%的贴现率去贴现。

② 在留存利润只能取得较低的回报时，哪怕最初上市公司的ROE很高，也通常会逐年下降——虽然有时下降过程并不明显。温水煮青蛙，净利润多年原地踏步之后，投资者才恍然大悟！

析我们发现，它的利润都构建成了低效资产。其资产表中包含30多个BOT项目（已完成投资并持有的），总投资额超过2000亿元，这个数字足足是每年净利润的10倍！这些项目收费期限为25～30年，多为偏远地区的基建项目，使用率低，平均已收费期限为4.1年。2019年，这些项目产生了20多亿元的净亏损，运营收入仅为60多亿元，约为总投资额的3%，尚不能覆盖有息负债利息。除此之外，公司还有2000多亿元的BOT项目在建，这些项目未来的盈利情况也不明朗。

市盈率3倍意味着3年回本吗？

假设某上市公司A的净资产为100亿元，每年只能赚取3.5亿元净利润，此时其净资产打一折，总市值10亿元，市盈率约3倍，低估得令人发指。该上市公司不分红，将所有的净利润又复投到回报率只有3.5%的生意中。我们来看一看10年后的情况，见表4－2。

表4－2　10年中上市公司A利润再投资的收益演化（无分红） 单位：亿元

项目	第1年	第2年	第3年	第4年	第5年	第6年	第7年	第8年	第9年	第10年
获利	3.50	3.62	3.75	3.88	4.02	4.16	4.30	4.45	4.61	4.77
留存利润	3.50	3.62	3.75	3.88	4.02	4.16	4.30	4.45	4.61	4.77
累积净资产	103.50	107.12	110.87	114.75	118.77	122.93	127.23	131.68	136.29	141.06

由表4－2我们看出：

（1）如果上市公司A的复投收益率低于社会平均资本回报率，应当尽可能大比例分红。复投时每1元的净利润只能值回几毛钱市值，但分红（无红利税情况下）能值回1元。

（2）上市公司A的大股东或管理层分红意愿不强，这时中小股东往往无可奈何。

（3）有时上市公司赚回的净利润质量不佳（纸面利润），它们被构建为低效资产，所以对分红也是有心无力。

（4）“市盈率 3 倍就是 3 年回本”的说法是一个重大误读。此例中（**低** PE、**低** ROE **组合**）只有把净利润 100% 用于分红（且没有红利税），才能实现 3 年回本。

两种尴尬的投资陷阱

低 PE、低 ROE 组合遇到低分红率，是投资陷阱之一。前面我们也讨论过高 PB、高 ROE 组合遇到高分红率的投资陷阱。

陷阱一：低 PE、低 ROE、低分红率组合。较低的 ROE 往往伴随着较低的边际 ROE，股票失去“作弊”能力。与其将利润留存，不如大比例分红。投资者的关注点通常放在了低 PE 上，**误以为较低的 PE 意味着较短的时间可以回本，误以为 PE 的倒数就是目标股票的投资收益率**。因为 PE、PB、ROE 的相互关系，我们知道在这种组合中 PB 也较低，也即较大的资产折扣。可惜的是，在资产无法变现的情况下，资产折扣并不能帮助投资者获得额外收益，除非其他交易者的偏好发生改变，买入并抬高股价，但是，估值抬升可遇而不可求，这需要运气。

陷阱二：高 PB、高 ROE、高分红率组合。高 PB 意味着投资者为股权支付了溢价，与前文例子中高价的高息永续债券 C 情况类似。投资者的关注点通常放在了高 ROE 上，把“高 ROE”与“高边际 ROE”搞混淆了。我们必须认识到，**高 ROE 不代表可以高成长①，只有当其留存利润提供“作弊”机会时才能获取超额收益**。还记得吗，股票可否“作弊”取决于分红率（分红越多意味着留存利润越少），以及增量资本的回报率（边际 ROE）。当然，很多时候并不是上市公司不愿意利用留存利润去“作弊”，而是其留存利润无法实现旧有资产那么高的回报率。许多触碰到市场“天

① 关于“资本冗余陷阱”详见第五章。

花板”的上市公司，就面临这个问题。

另类“作弊”模式

企业利用资本市场实现弯道超车有两条“捷径”：一条是借很多钱抬升财务杠杆，快速做大资产，扩大经营规模；另一条就是高估值股权再融资。

第一条“捷径”同时放大收益和风险，毕竟借的钱总是要还的，稍有不慎就满盘皆输。债权人可能很谨慎，借贷中往往需要抵押或担保，而且债务金额升高之后其利率也会升高，这反映了更高的风险补偿。管理层在这条超车道上开久了会上瘾，即便继续借钱已经开始产生负效应，也可能停不下来。当债务利率超过总资本收益率（税收调整后），继续抬升杠杆就会变得无利可图。严重的时候，当债权人不再信任企业，不再继续提供借贷，那么现金流危机也将随之而来。可以说，这条弯道超车的捷径是依靠债权人的信任构筑的。

这种情况在房地产和金融两个行业特别明显。许多房地产企业的有息负债（也包括许多“明股实债”）都是净资产的数倍，更有甚者超过十倍。造成这种现象的原因有三：一是土地及建筑物的抵押价值高，容易获取借贷；二是土地升值可以抵销一部分借贷利息成本，甚至有剩余；三是房屋预售制度，开发商在取得预售证后即可开卖（开发商尚未完成全部建房投入），可以利用预收账款（来自购房者）替换前期开发的有息负债。而对于金融企业来说，负债端是做大资产规模最重要的来源，而规模又是决定金融企业收入的重要因素。在负债端有强劲支撑的情况下，留给金融企业腾挪的空间也很大，有时坏消息可以压制很多年才暴露。

****

另一条“捷径”来自高估值股权再融资。一家20%左右ROE的企业以50倍市盈率估值进行股权再融资，也即再融资的价格是账面价格的10倍左右。如果增量资本也能取得同样20%左右的收益率，那么这样一次高估值股权再融资相当于安装了一个10倍速加速器——每10%的成长只须摊薄1%的每股收益！所以，**高估值的股权再融资对老股东是非常有利的**。我们前面谈到，股权的“可作弊”特性源于留存利润的复利效应。这里的高估值股权再融资，就是相当于增加了“可作弊”的资本，即增加了留存利润的数量。

这条捷径的要点就是“高估值”——低估值股权再融资是有损老股东利益的，它摊薄效应大，导致老股东价值流失。股票要保持住高估值，就得依靠新老股东的热情（与疯狂）。可以说，这条弯道超车的捷径是依靠股东的信任构筑的。

在这里不得不提及一种成长股陷阱。如果企业用60倍PE的估值进行股权再融资，再去收购15倍PE以下的企业——此时增加的净利润多，而摊薄效应小，如此便可获得源源不断的成长性，似乎是一台“永动机”。历史上类似的案例很多，但没有一个能变成真的“永动机”，**主要因为这个成长逻辑中存在两个漏洞**。首先，“永动机”必须维持较高的估值（高于被收购企业），否则增发的摊薄效应就会大于成长效应。我们知道，股票市场经常大幅波动，长期保持高估值并非易事，永久保持高估值的概率几乎为零。其次，随着规模扩大，“永动机”的股权再融资所需要的资金也会越来越多，直至市场无法支撑——上哪去找那么多疯狂的资金（认可其高估值）呢？

第五章

品牌溢价、提价权和资本冗余陷阱

我们常听说，最佳的投资标的是那种不需要太多资本开支，就能够获取源源不断利润的公司。通常这类公司拥有强大的经济商誉、宽广的“护城河”以及优秀的“骑士”（管理层）。只要基本面不发生变化，你永远不会想卖出一家伟大公司的股票。

上一章我们提到，留存利润再投资（资本开支）是业绩增长的主要途径。

这与本章所述内容是不是相互矛盾呢？当然不是！

（1）这一类低资本开支的优质投资标的，有经验的投资者一眼就能辨识。但它们少之又少，投资者的可选择面很窄，属于“漂亮公主”。

（2）此类投资标的通常估值较高。又美又好又容易辨识，哪还能以便宜的价格示人，让投资者获取超额收益？**但如果此类公司遇到可被解决的暂时性危机，导致其股价下跌，倒是一个迎娶“落难公主”的好机会**。巴菲特的几笔经典投资，如色拉油丑闻后的美国运通、破产危机时的盖可保险、新配方危机后的可口可乐，都属于此类。2013 年白酒行业遭遇塑化剂危机、严查酒驾、限制“三公消费”，也给了我们投资贵州茅台的珍贵机会。

（3）尽管此类公司盈利能力很强，“护城河”很宽广，却可能面临“资本冗余陷阱”。许多伟大的生意确实很赚钱，但市场容量总会遇到“天花板”，当伟大的生意无法容纳更多资本时，赚回的利润就可能被滥用。

经济商誉与品牌专营垄断

经济商誉不同于会计商誉。会计商誉指的是企业在收并购时，支付对价高于账面净资产的部分。**而经济商誉主要是指品牌溢价，客户愿意为该品牌的商品或服务支付溢价，公司因此得以赚取超过市场平均水平的资本回报**。

巴菲特曾多次表达对喜诗糖果的赞赏，因为它拥有巨大的经济商誉。每年情人节、感恩节、圣诞节等节日，喜诗糖果都会供不应求。它代表甜美的回忆——许多男孩在送给心仪女生喜诗糖果后，得到了初吻。下一个情人节，他们会早早预订喜诗糖果并精心包装。消费者愿意为喜诗糖果付出溢价，他们可不会跟爱人说："亲爱的，你看我抢到了某某糖果！它今天打折，可真便宜！"喜诗糖果的销售区域主要在美国加利福尼亚州等地区，在我们身边也有类似的例子——费列罗——这个意大利品牌的巧克力价格比普通国产巧克力贵上数倍，却十分畅销，尤其是在节假日。

我们知道经济学上价格和供需的基本关系——当商品的价格上涨时，需求下降。我们来看三种情况：

情况一，如果某类商品是无差别的，且市场上存在大量卖家，那此时任何一个卖家都无法以高于市场的价格出售商品。当然，这种极端的假设情况不存在于现实世界，经济学上的例子是某些农产品，而且我认为要达到理论状态，还需要买卖双方信息完全对称且不存在传播延迟。

情况二，如果某类商品是无差别的，但市场上只有少数几个（甚至只有一个）卖家，这就可能构成垄断。垄断企业利润最大化的办法是通过减少供给来提高售价，让价格和销量落在利润曲线的最高点。因为商品是无差别的，所以这类垄断通常是自然资源垄断，比如我国的石油石化企业。因为涉及民生需求，所以它们的价格体系往往并不掌握在企业自己手中，而是受政府调控，商品价格也会被压制在最大利润点之下。

情况三，如果某类商品是有差别的，各自能带给客户不同的消费体验，那么这类商品就可能存在品牌价值。如果商品 A 的消费体验能极大地有别于其他同类商品，消费者愿意为之付出溢价，那么商品 A 就形成了品牌专营垄断。品牌的力量使商品 A 得以独立于同类商品，企业成为市场上的唯一卖家，因而可以提高售价，使销量落在利润曲线的最高点。瞧瞧，这种情况是不是有点类似情况二？更令人兴奋的是，多数情况下品牌专营垄断不会受到价格管制。客户愿意为之付出的溢价越高，说明其品牌力量越强，经济商誉价值越大。

品牌专营垄断最美妙之处就在于其提价权。如果没有或不使用提价权，那么企业就得追求更多的销量（市占率），这在通胀环境下是不利的。我们先来看看通胀对投资的影响。

股票整体来说并不能抗通胀

经济学认为货币超发是引起通胀最主要的因素之一，通胀下持有货币资产无疑是受损的。许多投资者认为股票与债券不同，它可以抗通胀，该观点基于一个显而易见的事实：债券是对某一债务（以货币单位计价）的所有权，而股票对应的是上市公司资产的所有权，比如某一生产设备的所有权。通胀时货币购买力会下降，但实物资产会保持其原有的价值，不会受通胀影响。

令人意外的是，巴菲特于 1977 年在《财富》杂志发表文章《通货膨胀如何欺诈股票投资者》，通过数十年数据对比，表明在不同通货膨胀率的宏观环境，美国的股本回报率似乎都保持在 12% 左右，这意味着，股票并不能抗通胀。

具体而言，某些资产表现得更抗通胀（相对），而另一些则不然。**具备以下特征的上市公司股权更抗通胀：拥有更强大的自主定价权（提价对抗通胀），行业内劳动生产率并不会极大提高（电子行业贬值特别严重），某些资源是稀缺的（比如土地）**。具体类别不再展开，前作《投资第一课》中已有讨论。

那么，作为一个整体而言，股票为什么不抗通胀呢？我手里没有翔实的宏观数据可以对此做探究，但我认为可能的原因主要是：

（1）超发的货币进入市场后，一部分用于消费，另一部分用于投资。用于消费的这部分超发货币是物价上涨的原因之一，因为市场上的商品只有那么多，钱多了自然价格就高了。同样的道理，用于投资的这部分超发货币构建了新的资产，与原有的社会资产形成竞争，导致它们的实际价值下降。当然，超发货币并不会创造财富，它只是稀释了货币原有的价值。作为企业来说，账面也会存放现金，也会有一些以现金计价的对外债权（比如应收账款、预付账款等），这些资产的价值都会被稀释。

（2）企业的各项生产资料大多有使用年限，不断折旧的同时，也需要不停地发生资本开支，才能维持原有的获利能力。通货膨胀后，用于购买生产资料（资本开支）的成本也会水涨船高，导致投资者的实际回报下降（虽然短期内不明显）。资本开支被列入了资产端慢慢消耗（固定资产等科目），但它们属于“看得到却分不到的利润”。这就是为什么投资者更青睐“轻资产”类型的股票，因为重资产类型的上市公司资本开支大，它们总是将赚得的利润又投入生产，而无法将利润分配给股东。

（3）企业的净营运资本①将随通胀增加。与资本开支类似，营运也需要占用资本。通常营运资本中较大的几个项目是现金、应收票据及账款、预付账款和存货等。企业也可能会占用上下游的资金，将之扣减后便得出净营运资本。通胀环境之下，相同的货物量需要更多的货币来承载，净营运资本也随之增加。不同行业、不同公司之间的净营运资本差异很大，有的是负值（对上下游企业拥有强大的占款能力），有的则比固定资产还多。

---

① 营运资本指的是企业为了满足营运需求而配置的资产，比如现金、存货、应收账款、预付账款等。净营运资本则是减去一些营运负债（比如应付账款、预收账款等）后的净额。广义上将营运资本对应流动资产，将净营运资本对应净流动资产。实际上，外部人士对营运资本进行计算并不那么容易，比如账面现金有一部分是为了满足支付需要，或者为了满足负债滚动“过桥”需要，可以算作营运资本。但账面现金可能还有一部分是过剩的，将其分配后不会对营运产生任何影响。巴菲特在收购喜诗糖果后，就将账面多余的现金进行了分配。

比较典型的建筑设计类上市公司，其营运资本就较多，例如设研院 2019 年财报中，应收票据及应收账款为 16.79 亿元，存货为 4.57 亿元，营运资本在总资产中占比较大。对比来看，其股东权益为 22.68 亿元，总资产为 41.35 亿元。

尽最大努力缩减资本开支和营运资本，是现代企业管理研究的课题。苹果公司将所有生产全部外包，就是为了减少资本开支。戴尔从零起步做到个人电脑 Top 1，就是源于对营运资本的压缩。30 多年前，它创新性地开创了先下单再生产组装的模式，客户可以挑选自己需要的配置并进行组合，然后付款给戴尔。一段时间后，客户收到物美价廉的“个人定制”产品。这种运营模式下，戴尔没有应收账款，也没有库存，缩减的成本让利给客户，而这又吸引了更多的客户。时至今日，这种模式仍在被商界学习，比如期货抢购模式①、众筹模式等。

总体而言，通胀会加大上市公司的资本消耗，增大了 ROE 计算公式的分母。也就是说，通胀使上市公司的一部分净利润不得不重新投入生产经营，虽然这使净利润有所增长，但这些增长其实只是抵消了通胀而已，股票的实际价值经通胀调整后并未变化，所以股票作为一个整体并不能抵抗通胀。

落实到微观层面，确实有一些股票表现得更抗通胀，本章我们主要讨论品牌溢价的抗通胀效应。

品牌溢价的抗通胀效应

巴菲特在伯克希尔 2007 年的致股东信中再一次提到了喜诗糖果。大意如下：1972 年买下喜诗糖果时，花费了 2500 万美元，当时它的销售额约

① 即客户先付款抢购，并等待较长时间才能收到货。在客户等待期间，厂家可以更灵活地安排生产和资金。

3000 万美元，税前利润少于 500 万美元①，企业的营运资本约 800 万美元。它的营运资本相对较少，出于两个原因：首先，产品现金销售，几乎没有应收账款。其次，从生产到销售的周期很短，这使公司回款快、存货少。上一年（2006 年）喜诗糖果的销售额是 3.83 亿美元，税前利润是 8200 万美元，营运资本是 4000 万美元。这意味着从 1972 年以来，我们不得不继续投入 3200 万美元以适应它的规模增长。这几十年来累计的税前收益是 13.5 亿美元，扣除这 3200 万美元后都流入了伯克希尔。这些税前利润在缴税后，都用来购买其他有吸引力的公司。对于一般的美国企业而言，要使税前利润从 500 万美元提高到 8200 万美元，估计需要投入超过 4 亿美元的资本，这是因为成长中的业务随着营业额的上升，需要更多的营运资本，也需要更多的固定资产投资。

那么问题来了：为什么喜诗糖果的利润增长，不需要那么多营运资本和资本开支呢？**原因就是提价！** 1972 年，喜诗糖果的销售量是 1695.4 万磅，2006 年则是约 3100 万磅。40 多年时间过去了，销售量仅仅提高一倍而已。如果喜诗糖果的价格仍然保持不变，哪里算得上“成长股”？

40 多年间，喜诗糖果的营业收入增速大幅高于销售量增速，这说明它的产品进行了较大幅度提价。而利润增速高于营收增速，说明它的提价幅度大于成本上涨幅度——成本上涨主要来自通胀。我们可以把提价看作两部分：一部分提价来自成本上涨，提价是将通胀转移给下游；**另一部分提价则来自品牌溢价（上涨），而这并不需要投入新资本**。

什么样的商品提价幅度比通胀高？

为什么喜诗糖果的提价幅度大幅高于通胀？什么样的商品会发生这种

① 根据往年的致股东信描述，喜诗糖果 1972 年的营收是 3133.7 万美元，税前利润约 420 万美元，税后利润是 208.3 万美元，巴菲特买入时估值大约 12 倍市盈率。

情况？

我认为，造成这种情况，主要原因有两点：

一是贫富差距拉大，而这将带给高端商品更强的消费需求。近二三十年来，古董、黄花梨等物品价格暴涨，均来自于此。在均贫富的年代，这类物品的价格是涨不起来的，因为没人能依靠节衣缩食去给奢侈品出一个天价。此外，在白酒行业也明显是高端白酒不断涨价，低端白酒价格原地踏步，因此炒家囤货也以高端白酒为主。

二是社会整体的劳动生产率增速快于通胀，导致供应稀缺的商品涨价幅度大于通胀。劳动生产率提高，整个社会生产的商品数量和价值将上升（人口不变的情况下），抵消通胀后仍可以提高居民的收入水平和消费能力，这就是我们常说的“消费升级”。消费升级的背景下，客户更青睐品质更好的商品。如果某一商品的供应量并没有随之增加，那么消费者的出价意愿将被抬高（消费者之间出价其实是在竞争），比较典型的例子就是土地。

品牌专营本身就是一种垄断，为了获取最大利润，企业在不断试探客户的心理承受能力。开出天价但卖不出一件产品，或者成本价卖出了天量产品，利润都不理想——利润最大的点必然是位于供求曲线中间的某处。像喜诗糖果这样的商品，消费者并不会因为收入增加就购买更多的糖果①，因为糖果吃多了会腻，所以企业管理层会选择通过提价谋求更多利润。

在这里插一句，品牌巨头可口可乐采取的是另一种策略。不同于喜诗糖果在节假日形成消费高峰，可口可乐走的是普通快消品路线，它追求消费者日常的反复消费，而每一次消费都是对品牌的重新记忆和强化。可口可乐并没有走提价策略，保持售价是为了维护市场占有率，抑制其他品牌

---

① 消费者购买糖果数量的增幅会大幅低于收入增幅。

的饮料兴起。可口可乐制造浓缩糖浆，再由合作伙伴开设的灌装厂进行后期生产，可口可乐只“吃”最肥美的一段利润。浓缩糖浆在可口可乐成本中占比小，但利润率很高，通胀压力被留给了灌装厂。

最后补充说明一点，品牌建设并非不需要投入一分钱（尽管提价不需要投钱），只不过品牌建设投入的成本在会计报表中都被当期消耗了，其中最典型的就是广告费用。

威力巨大的提价权

很早之前我就意识到，企业的成长性都可以归结于三点——量、价、费。但我也曾小看了“价”的作用，错过了不少大牛股，至今仍唏嘘不已。不过资本市场就是如此，先用钱买经验，再用经验赚钱，如果能从书中汲取其他人的经验就再划算不过了。

还是 2008 年的时候，我先是研究了云南白药，因为云南白药属于国家级绝密配方，所以它没有专利到期的烦恼。拥有国家级绝密配方的只有两家，另一家就是片仔癀，因而我又摸到了片仔癀。这里插一句题外话，投资就是这样不断翻石头，不断关联，不断收集资料，不断证明和证伪的过程。我于 2017 年底开始投资中南建设，也是在研究阳光城的过程中留意到“骑士”陈凯超强的操盘能力①，顺藤摸瓜摸着去的中南建设。近几年中南建设的发展速度有目共睹，2019 年其股价也取得了接近翻番的涨幅。另外一个传奇“骑士”是中梁地产曾经的 CEO 黄春雷，如果他出山加盟某家地产商，那我必须得打起十二分精神了。

片仔癀据说是明朝太医秘方，后来这名太医出家当和尚从而将秘方带出宫外，流传至今。片仔癀的命名，即一片即退癀（消炎解毒），对一些

① 陈凯在阳光城的三年时间，使阳光城的年合同签约额从 20 亿元跳升至 200 亿元。陈凯加盟中南建设的前两年，也实现了年合同签约额的每年翻番。

种类的癌症也有疗效。早在 2007 年，片仔癀国内零售价格就从 140 元/粒上调至 180 元/粒（没错，单位是粒），仍然供不应求。之后又经历多次涨价，2020 年 1 月 21 日的调价公告，其国内零售价格上调至 590 元/粒，足见其提价能力之强！

2007 年[①]，片仔癀的归母净利润是 0.952 亿元，期初 ROE 为 15.65%。而 2019 年，片仔癀的归母净利润是 13.74 亿元，期初 ROE 为 20.7%。12 年间净利润增长 13.4 倍。表面上看这个 20% 左右的期初 ROE 虽然优秀，但并没有“惊为天人”。好了，这里又引出一个“资本冗余陷阱”的问题。

其实片仔癀核心资产的 ROE 远不止 20%，而是一个巨大的令人恐惧的数字。我们看到 2007 年其账面现金为 2.19 亿元，总资产为 9.7 亿元；而 2019 年账面现金为 42.64 亿元，总资产为 62.96 亿元。我有理由相信早在 2007 年，其营运资本就不需要 2 个多亿现金，2019 年更不需要 40 多亿元现金，这其中有大量现金属于低效冗余资产。正是大量账面现金拉低了它的 ROE。

先说说我是如何错过这只大牛股的。在 2008 年金融危机的背景下，片仔癀的股价曾下跌至 15 倍市盈率左右[②]。相信我，这个估值数字我记得非常清楚，因为其后的十一年半[③]，股价上涨了五六十倍（复权）。当时在收集资料的过程中，我注意到片仔癀的原料中有一味是天然麝香。这个东西的产量极低，一头麝一年只产麝香 20 克左右，而且只有雄性能产香。麝属于野生保护动物，繁殖能力不强，人工养殖很困难，产量难以提升。10 多年前，180 元一粒的片仔癀，价格已经超出我的消费理解，我认为其价格上调空间十分有限，已经透支了消费者的购买力，因而成长性欠佳。我竟完全想不到 10 年后它可以提价到约 600 元一粒！

---

① 2008 年时能看到的是 2007 年的财报。

② 当时的股价对应 2008 年净利润约为 15 倍左右市盈率，发生在 2008 年年尾，已经出了三季报，全年净利润比较容易估算。

③ 截止到 2020 年中。

并非所有提价都能成功

凡事看两面——并不是所有的提价都能成功，提价不能超出品牌溢价能力的上限。近两年的东阿阿胶就是佐证。东阿阿胶在数次上调产品售价后，终端销售受阻，产品积压渠道，导致2019年营收下降六成，净利润由20亿元左右降至负4个多亿元。其股价提前反应，在2017年6月见顶，2018年全年更是下跌三成多。现在我们从“后视镜”的角度来看，财务报表中的数据并没有及时发出警告——不排除参与市场一线调研的投资者嗅到了“血腥味”，提前开始撤退。财报发出信号最早在2018年一季报，此时其股价已经下跌了10个月。2018年一季报开始，东阿阿胶的应收账款大幅增长，脱离了原来的波动区间，这说明产品已经铺到渠道但未收到回款。我们来看其中的两个会计科目，从2017年一季报至2020年三季报逐季复盘，见表5－1。

表5－1　2017年第一季度—2020年第三季度东阿阿胶营收、应收票据及账款

单位：亿元

项目	2017年第一季度	2017年第二季度	2017年第三季度	2017年第四季度	2018年第一季度	2018年第二季度	2018年第三季度	2018年第四季度
营业收入	16.76	12.58	15.47	28.91	16.96	12.90	13.98	29.54
应收票据及账款	6.38	11.82	11.77	10.57	16.29	14.71	22.42	24.07
项目	2019年第一季度	2019年第二季度	2019年第三季度	2019年第四季度	2020年第一季度	2020年第二季度	2020年第三季度	
营业收入	12.92	5.98	9.40	1.29	4.38	6.57	9.46	
应收票据及账款	28.16	27.65	28.05	12.63	10.89	11.40	6.50	

注：1. 营业收入为当季数据，而非当年累积。

2. 2017年第一季度的应收票据及账款处于正常波动中的较低值，2016年前三季度该科目都保持在11亿元左右，限于篇幅不再列出。

我们看到，2018年第一季度开始，应收票据及应收账款开始较快上涨。而营收下降则从2019年第一季度开始。2019年前三季度应收票据及应收账款达到顶峰，此后开始下降①。这说明东阿阿胶的危机已经过去了吗？未必，还需要继续观察，我们看到营业收入在2020年前三季度并没有明显好转。

看完东阿阿胶的例子，再回顾片仔癀的案例，其实我错过片仔癀是必然的。以我当时的消费能力，我理解不了片仔癀能卖这么高的价格，也接触不到片仔癀的消费者，不明白他们的想法，也没有去做调研。如果2007年片仔癀从140元/粒到180元/粒如此大幅度的提价，产生的结局类似2018年、2019年的东阿阿胶，这个故事又会是另一个版本。

资本冗余陷阱

我们前面反复提到“资本冗余陷阱”，这究竟是怎么回事呢？先看看喜诗糖果的案例。

单算喜诗糖果的增长率，其实并不高。44年时间，税前利润从420万美元增长至8200万美元，虽然增长了近20倍，但折合年化只有不到7%的复合增速。根据伯克希尔年报描述，喜诗糖果也多次试过对外扩张，但效果并不好，许多外地新开门店以亏损退出告终。这是不同地区口味偏好的问题吗？我们不得而知，但44年间销售磅数只增长了一倍左右，这确实算不上什么好成绩。

这就是不少投资者容易搞混的一个地方。**长期竞争优势（“护城河”）不代表可以高成长，优秀的管理层不代表可以高成长，低资本开支、低营运资本不代表可以高成长，高ROE不代表可以高成长，高利润率也不代表可以高成长**……我们还可以更激进点，不客气地把“高成长”都换成“成长”。成长性是一个独立因素，它需要单独去考量，具体问题具体分析。

① 结合当时的利润表，可以看出此处的应收大幅下降并不是大幅计提减值，而是停止向渠道铺货，渠道回款增多所致。

我们不能在某些因素和成长性之间建立必然联系。

假设喜诗糖果并没有被巴菲特收入囊中，而你以巴菲特当时的估值买入，即12倍左右市盈率，3倍左右市净率。但是你的资金有限，只能买一点点，无法对公司的经营产生影响。我们来看看几种可能的结果：

情况一，公司经营所得利润全部用于分红。因为资本开支少，所以喜诗糖果的利润质量较高，假设全部可用于分红（实际仍需一些资本开支），投资者可以获得大约8%的股息收入，以及年化7%的利润增长。在估值不变的情况下将股息进行复投，可以获得约15%的复合收益率。

情况二，公司经营所得的利润全部不分红，作为现金留在账面变成低效资产。随着现金的逐步增加，企业整体的ROE也将下降。这种模式在成熟市场不太招投资者喜欢，遭遇估值下移的可能性很大。经过44年运营后将变成低于10亿美元现金+4000万美元的营运资本。此时如果市场价为1倍市净率，则市盈率将大于12倍（因为税前利润才8200万美元）。投资者大约可获得9%的年化回报。如果分红比例在0～100%，参考情况一，那么年化回报会落于9%～15%。

情况三，公司经营所得利润用于多元化发展，所得回报情况取决于多元化的投资回报率。如果“多元恶化”，投资者可能血本无归。

情况一即前一章我们讨论过的“高PB、高ROE、高分红率”情况，股票失去了“可作弊”能力。但喜诗糖果的优势在于提价权，即不需要太多利润复投也能提高利润。情况二其实也比较常见，资本再分配能力差，上市公司分红率偏低，赚来的大量现金都趴在账面，中小股东看得到却摸不到。这种情况在港股市场不受投资者待见，有时甚至被当作“老千”看待，市值常常大幅低于账面净资产。情况三，取决于资本再分配者的投资能力。喜诗糖果现实版，正是巴菲特利用源源不断的现金利润去购买其他优质资产，将留存利润复投并获取20%以上的复合回报率。成功的外延式多元化使这只股票重新获得了“可作弊”能力，这可真是额外的大礼包——毕竟提价权带来的利润增长不需要太多留存利润，两者结合，如虎添翼！

遗憾的是，巴菲特毕竟是少数、少数、极少数。面对优质上市公司，投资者仍可能遭遇“资本冗余陷阱”的尴尬。

****

我们来看养元饮品的案例。养元饮品曾经是一家国企，1997 年成立后一直亏损。2005 年国企改制试点，公司被挂牌出让，无人问津。当时老白干酒的高管姚奎章看到了机会，说服了养元饮品的上下员工，共凑了 300 多万元将其买下。此后养元饮品成功打造了“六个核桃”大单品，并于 2018 年初上市，目前[①]总市值高达 315 亿元，可谓“超级成长股”。

养元饮品近几年的部分数据见表 5－2。

表 5－2　2014—2019 年养元饮品经营情况

序号	项目	2014 年	2015 年	2016 年	2017 年	2018 年	2019 年
1	营业收入(亿元)	82.61	91.17	89.00	77.40	81.44	74.59
2	产量(吨)	943,912	1,013,870	986,273	840,222	872,407	774,826
3	净利润(亿元)	18.30	26.20	27.41	23.10	26.78	26.95
4	股东权益(亿元,期末值)	36.37	56.39	59.73	73.37	119.70	124.13
5	期初 ROE(%)	79.50	72.04	48.61	38.67	36.50	22.51
6	账面现金(亿元,期末值)	3.39	25.06	6.50	5.60	38.78	4.87
7	理财产品(亿元,期末值)	52.98	43.96	63.07	75.63	83.45	111.06
8	总资产(亿元,期末值)	75.14	93.78	97.60	111.90	152.92	151.10
9	(6+7)÷8(%)	75.02	73.60	71.28	72.59	79.93	76.72
10	分红(亿元,次年发放)	6.1875	14.157	19.80	13.99	22.60	21.09
11	分红率(%)	33.81	54.03	72.24	60.56	84.39	78.26

注：2014 年初的股东权益为 23.02 亿元。

养元饮品的爆发性成长发生在 2014 年以前（招股说明书未披露），且成长中也不需要太多资本开支。当大单品“六个核桃”的销量达到一定程

① 截至 2020 年 7 月 22 日。

度后，似乎触碰了行业的“天花板”——近6年来产销量原地踏步。

养元饮品的盈利质量很高，在高比例分红后仍然不断增加现金及类现金储备。但是，另一个问题接踵而至，养元饮品赚回来的真金白银，缺少一个“巴菲特”将其利用起来。利润中分红的部分不可“作弊”，而留存的部分则不断以现金和理财产品的方式堆积在账面，变成低效资产，拉低整体ROE。养元饮品的期初ROE从2014年的约80%降至2019年的约23%。

所以，高ROE真的不意味着高成长！上市公司很赚钱，但赚回来的钱没有好去处，会使投资者遭遇“资本冗余陷阱”——特别是高估值买入的投资者。

第六章

资产折价，陷阱还是馅饼？

在前面的章节中，我们提到了某些资产折价的“烟蒂股”。这类股票在A股市场比较少见，在港股市场却多如牛毛。比如上市公司（无有息负债）持有的写字楼在房地产市场上可以轻松按10亿元价格售出，但它的股票市值打四折、三折仍无人问津。又比如扣除负债因素后，控股型上市公司旗下控参股公司市值是其自身的好几倍。让投资者沮丧的是，有时这种估值差距不仅没有收敛，反而一直存在，使投资者越陷越深。

美国股市在1929年大萧条之后，股票价格长期低迷，“烟蒂股”投资法曾有一段长达二三十年的“蜜月期”。时至今日，资本市场早已回归正常化，但“烟蒂股”并没有消失。那么，我们今天再来审视“烟蒂股”投资法，有什么与时俱进的新观点呢？

“烟蒂股”投资不轻松

看到“烟蒂”不假思索就捡起来抽一口，投资者很可能被烫伤。切不可看到“打折”就一股脑冲进去，这并不像超市的商品打折。我们先不谈大股东或管理层人品问题，只试想一下：像这样的资产到底几折合理？七折还是三折？与这个问题类似的是：某只股票到底几倍市盈率合理？7倍还是3倍？实际上，资产折扣就跟其他估值方法一样，波动区间大，眼见的低估还可能会有更低估，从7降至3相当于被腰斩！**要命的陷阱在于，如果这些折价资产获利能力低，投资者就失去了复利增长的机会，如同陷入泥沼，只能苦苦地一边等待估值修复，一边埋怨市场的偏见**。

为什么股票市场经常出现这种资产折价？我想主要原因出自控制权，对于没有控制权的资产，投资者必须要求一个折价。资产的获利能力越低，这个折扣要求也越大。如果投资者有控制权，价值10亿元的写字楼直接卖出即可收回现金，还会有四折、三折的情况吗？或者试想一下，如果投资者持有的是一个自己能控制的价值100万元的商铺，还会出现四折、三折的情况吗？

这里就引出了一个“非控制权折价”的问题，与之对应的则是“控制权溢价”。关于这两个问题，我们还得从经典的“烟蒂股”投资法说起。

“烟蒂股”投资法有哪些核心要点？

“烟蒂股”投资法最核心的要点就是资产打折。除此之外还有几个容易被投资者忽略的要点。

一是负债要尽可能少，最好没有负债。**打折的是资产，负债并不会打折**。比如一个完全无负债的企业，0.5 倍市净率就是资产打五折；但如果是一个 10 份资产、9 份负债的企业，0.5 倍市净率其实只是资产打九五折而已。负债在账面是实打实的，一毛钱也不会少，资产却可能大幅偏离账面价值。高负债率下，企业资产的实际价值只要有些许下降，就会抹掉资产折扣，甚至资不抵债。企业固定资产在不能产生利润时可能一文不值，清算时很多机械不仅卖不了钱，还得花钱请人拖走。烟蒂不好吸，反而容易烫伤嘴，甚至引发火灾。所以你看，**在高负债率的金融股上运用“烟蒂”思维，错得有多离谱**。

二是注重分散持股并适时轮换。这也是格雷厄姆和他的学生施洛斯在投资过程中坚守的重要原则。为什么呢？**因为“烟蒂股”投资法有两个底层逻辑**：一个是资产盈利能力的均值回归。通常大幅折扣的资产，盈利能力较差，不然市场也不会给出这么大的折扣。但是，风水轮流转，月有阴晴圆缺，许多因素都可能促成这些低效资产的盈利能力发生“均值回归”——高回报率的领域可能因为新进竞争者而导致回报率下降；低回报率的领域也可能因竞争对手倒闭、产能出清而回报率上升。另一个逻辑是催化剂事件推动估值回归。催化剂事件可以是被收购、私有化、资产出售并派特别息，等等，也可以是大牛市下的水涨船高，又或者突然沾上投资热点被市场追捧。

这时“烟蒂股”投资法的重大不确定性就凸显出来了，投资者并不知道这些“烟蒂”资产的盈利能力什么时候可以均值回归，甚至都不知道还能不能回归（夕阳企业）。投资者也不清楚，令人向往的催化剂事件究竟要等待多久。所以这就要求投资者分散持股并适时轮换，将那些股价大幅上涨的卖掉并重新投入下一只“烟蒂股”，如此便可拿到平均的“运气”，或者说去掉运气因素以取得“烟蒂股”投资法的平均收益率。

探索早期巴菲特的“烟蒂股”投资思路

巴菲特在早期合伙人投资阶段，主要采取的就是格雷厄姆式的“烟蒂股”投资法。我们从早期巴菲特致合伙人的信件中，可以清晰地理解其中的投资思路。巴菲特早期凭借“烟蒂股”投资法取得了近30%的年化回报率，要知道，这一成绩是在市场环境低迷的情况下做到的。

信件中关于其“烟蒂股”投资方法的阐述如下：

我们投资低估类股票，对公司经营决策插不上话，估值修复也没有时间表。我们一般重点持有五六只，每只5%～10%仓位，剩下的10～15只则仓位很低。

这方法有时很快就奏效（股价上涨），更多时候则要花费数年时间。我们很难在买入时就找出它们能上涨的特别理由。但是，正因为它缺乏吸引力，缺乏任何可能快速引发市场青睐的动作，才会以非常便宜的价格被买进。价值远高于付出的价格，每一笔交易都是如此，让我们拥有一个舒适的安全边际。一揽子分散持仓搭配安全边际，创建一个有吸引力的组合，既安全又有上涨潜力。这些年我们买得比卖得好，我们不打算赚最后一个铜板，在买入价和我们认为的合理价之间的某个位置我们就会卖出了。

大多数股票经常跟随道琼斯指数一起涨跌，仅仅因为便宜并不意味着股价不会下跌。在整体市场下行的时候，低估类股票下跌幅度很可能不比大盘少。但我相信长期来看它们会跑赢指数。

——摘自1961年巴菲特致合伙人信

如果在买进或持有某只“烟蒂股”的过程中，股价上涨，巴菲特就会将其卖出，兑现一笔“烟蒂股”投资。如果买进的“烟蒂股”股价长期不涨，又该怎么办呢？巴菲特的方法是买进足够多的股份，自己操刀（对企业运营施加影响）释放价值。比如桑伯恩地图，巴菲特通过进入董事会，促使其分拆并卖出旗下的证券组合。类似的案例还有邓普斯特风车制造公司，等等。**需要注意，入主董事会并不是普通中小投资者可以做到的。也就是说，普通中小型投资者运用“烟蒂股”投资法时缺失了重要一环。**

在那个时代，“烟蒂股”投资适逢其时，因为股票市场十分低迷，投资者可以找到很多“烟蒂股”。数十年后，巴菲特和芒格在2001年股东大会问答时，再一次回顾了“烟蒂股”投资策略。巴菲特指出：已经很难找到那么便宜（市值低于净营运资本的2/3）的“烟蒂股”，在它到达这个状态之前，就会有资金买入来抬高股价了。如果你能找到一个这样的组合，你可能会得到好结果，但这并不是企业良好发展带来的结果，而是因为在这样的组合中，可能有相当一部分会遇到资本运作，比如私有化、被收购，等等。而芒格的回复更是泼了一盆冷水，他说过去如果企业停止运营，你可以把营运资金放进股东的口袋（破产清算）。但现在社会福利体系已非当年，你不得不考虑员工的就业和生活等后续问题，它会使股东很难脱身，最后可能一毛钱都拿不到。

最后我们再来回顾一遍。**第一**，“烟蒂股”投资法需要折扣非常高的股票，老式“格派”要求市值低于净营运资本的2/3，净营运资本容易变现，而固定资产相当于白送。现在很难找到价格如此低的股票（其实港股还有一些），后期施洛斯把标准提高为相对于净资产大幅打折。**第二**，负债越低越好，最好没有负债，低杠杆率下的资产折扣才是实打实的。**第三**，分散化持股，在股价上涨且未达到自己计算的合理估值前就及时兑现，并轮换到下一个“烟蒂股”，不赚最后一个铜板。**第四**，如果股价长期没有反应，就慢慢买进直到进入董事会影响公司经营决策，释放价值。

第五，要留意员工福利安排，现代社会中这是一笔隐形负债。**最后**，也是经典投资书籍中很少提到的，就是“烟蒂股”投资法更适用于强监管市场——如果大股东或管理层侵犯小股东利益，会遭到集体诉讼并面临巨额赔偿，会被开出天价罚单，会锒铛入狱。如果这些都没有，那么**投资者就得打起十二分精神提防“老千”**。**弱监管市场中的“烟蒂股”，哪怕资产折扣再高，也可能跟小股东没关系**。

现在，“烟蒂股”投资法也常被看作一种“价值投机”。如果你不能入主董事会，又等不到催化剂事件，那你就更依赖于估值提升而不是公司经营的复利效应。但估值提升需要运气，这取决于其他交易者的市场偏好变化。实际上泡沫被吹成更大的泡沫，同样也是交易者的市场偏好变化。这两种市场偏好变化究竟有多大区别呢，尤其是在两者股息率都很低的情况下？

什么是非控制权折价？

读到这里，我想你已经明白什么是非控制权折价了。资产打折的“烟蒂股”，折价中很大一部分就来自非控制权折价。当然我们这里说的是实打实的折价，而非那些资产价值已经发生贬损但仍未反映到会计账面的情况。多数时候，对上市公司拥有控制权的大股东和管理层都不参与股票交易。在《投资第一课》中我们提到过，交易者和潜在交易者（即将交易）的看法才会影响股价。如果你是一个满仓的无现金投资者，或者说你有融资意愿且已经满融，此时哪怕你再看好某家公司，也不会给股价上涨带来一丝买力。反过来说，即使你对某家公司非常不看好，但如果你手中没有它的股票，你也不会给股价下跌带来一丝卖压。除非你卖空它，但此时你恰恰又是加入了交易者的行列。所以你看，如果拥有控制权的大股东或管理层不是交易者，也不是潜在交易者，那么他们对股价的影响就停留在了公司经营层面。股价的涨跌（买卖）则交到了没有控制权的交易者和潜在交易者手里。

如果没有控制权的交易者和潜在交易者不看好上市公司，自然而然就需要价格来补偿，折价正是由此产生。

一个常见的估值小错误

很多投资者在给上市公司估值时，容易犯一个错误（原谅我的不客气）。比如某某公司按现在的市值算是 10 倍市盈率，扣除账面现金之后，是 8 倍或 9 倍市盈率。这感觉就像在说，扣除肚子上的肥肉以后，我其实也是 120 斤重量的帅小伙。且不论这些账面现金是不是难以压缩的营运资产，即便是可以分派的冗余资产，没有控制权的小股东说了也不算啊！在港股市场，你经常能发现某些“烟蒂股”突然大派特别息，引发股价大涨。为什么大派特别息之前，股价那么低估仍是无人问津，而催化剂事件发生后，股价就开始涌动了呢？不妨想一想。

如果现金类冗余资产（注意不是营运资本中的现金）存在银行，收取了 0.5% 的利息收入，而投资者的贴现率是 7%——显然这里的冗余资产在估值时必须给一个折扣。如果派发特别息，把冗余资产分给股东，让股东自己去支配，那么到手的一元又值回了一元①。如果投资者在估值时把现金类冗余资产剔除，相当于默认了公司将这些现金作为特别息分派的概率是 100%。但我认为，保守的投资者（没有控制权）应当把这个概率视为 0。在港股市场，很多股票大派特别息后，其股价上涨幅度与派息幅度相近——这相当于派息是白送的。这样的案例很多，比如兖州煤业股份在 2019 年大幅派息前后的股价变动。这种情况反映了交易者或潜在交易者对现金类冗余资产给出的估值很低，对大幅派特别息事件发生的概率预估很低。

---

① 有股息税时应扣除股息税，20% 股息税下分派的一元只值回八毛。

什么是控制权溢价？

小股东持有的每一份股票中，都包含一个很小的控制权单元，这个控制权单元当然是有实际价值的，但当它分量很小的时候，就被四舍五入法给“舍掉”了。

不要小看四舍五入的力量。还记得16世纪初印第安人24美元卖掉曼哈顿岛的案例吗？这个例子一直被用于说明复利的伟大。如果这24美元以每年7%的复利增长，现在也能得到一个天文数字，不输于现今曼哈顿岛的土地价值。但是如果这24美元按照货币基金的收益模式每天进行四舍五入，那么400年后的今天它仍是24美元。

与非控制权折价相对应的，就是控制权溢价了。不同之处在于，非控制权折价是交易市值相对于资产的折价，而控制权溢价则是指投资者为了取得控制权，需要付出比交易市值更高的代价。

与非控制权折价不同的是，控制权溢价程度对于每个投资者（有能力入主董事会）而言是不同的。它不是具体可见的数字，而是一个心理价位，它取决于：为了取得控制权（或部分决策权），你愿意付出多少溢价；通过获取控制权，用更换管理层、处置资产等方式，能够释放多少价值。

一种典型情况是，上市公司已经有绝对控股股东（股权比例超过或接近50%）。这种情况下除非实控人自己愿意让出控制权，否则不会被资本大鳄盯上。反过来也就是说，如果实控人没有让出控制权的意愿，那控制权溢价（对其他投资者而言）就没有意义了。这时能让投资者期待的，也只有实际控制人来发起私有化要约了。

另一种典型情况是，上市公司没有绝对控股股东，各个大股东势均力敌或者压根就没有说得上话的大股东，这时控制权落在公司管理层的手里。你可以想象，不管是谁（除了管理层自己）大举买进股票，都不会受到现有管理层的欢迎。股权大战一触即发，精彩剧情随时开播。

有时上市公司经营良好，只是股价大幅低于价值，新进大股东也并不想夺取控制权，这种情况通常被视为善意收购——不过像这类优质公司很少与“烟蒂股”挂上钩。不管怎样，资本大鳄思考控制权溢价并采取行动，对没有控制权的小股东来说，是缩小非控制权折价的催化事件。

为什么控股型公司经常折价？

一个非控制权折价的典型例子就是“控股型公司”折价。

什么是控股型公司折价？作为一家上市公司来说，经营主体经常不止一家公司，而是由许多全资子公司、控股公司、参股公司组成。它们之间可以相互持股，子公司下面又可以有孙公司、孙孙公司，等等，层层嵌套。如果这些旗下的控、参股公司有一家以上也是上市公司，就容易跟母公司形成市值比较。我们通常说的控股公司折价，指的就是这种将被控股、参股的上市公司看作小圈，将控股型母公司看作大圈，最后小圈的市值加起来比大圈的还大（考虑负债因素后）。许多控股型上市公司旗下并没有公司上市，所以也就没有市值比较的标价，折不折价投资者不知道。

造成这种情况可能的原因有：

（1）**非控制权折价**。因为中小投资者没有控制权，无法将旗下的上市公司卖出，所以这个控股型公司折价可能一直存在。即便真要卖，因为体量大，也会极大地影响交易价格。有时旗下的上市公司股价大涨，控股型母公司却纹丝不动。当然，有时母公司股价也可以跟涨，这没有定式。**仅仅因为旗下上市公司股价大涨就买入其控股母公司，投资逻辑是不完整的**。

（2）**总部费用和税收、负债结构**。如果单单是市值相加再对比，容易遗漏几个细节。**首先**是总部费用，它主要包括总部管理人员的薪酬、办公费用、利息成本，等等，这些费用可能使控股母公司的利润小于旗下公司之和（按持股比例调整后）。**其次**是税收结构。每个公司法人都是独立的纳税主体，亏损的A公司并不能给盈利的B公司带来所得税抵扣，它只能等A公司以后年度产生盈利后抵扣，而且期限只有5年。但是，亏损的A公司不会是零市值，更不可能是负市值。此外，如果控股母公司要出售旗下资产，可能还须缴纳企业所得税，所以并不一定能拿到旗下资产的全值。**最后**，许多投资者将市值简单相加就进行比较，忘记考虑控股母公司自身的负债，这些负债应当予以扣除。

（3）**投资者偏好**。控股型公司往往是多元化发展的，比如复星国际旗下就有钢铁、保险、医药、旅游等多个板块。像这样一个组合打包在一起不能分拆，类似餐厅的套餐。消费者的口味偏好不同，套餐中总有那么一两个菜品是你不喜欢的，因此套餐价理应比单买价便宜（不然谁还买套餐）。餐厅这么做是为了方便备料，以及销售更多的食品。同样的道理，机构研究员也不大喜欢控股型公司，因为它跨了多个行业——通常研究员只负责研究两三个行业，并不一定刚好能覆盖。普通投资者也一样，有的人看好地产不看好汽车，另一些人则相反。他们面对一家同时包含这两种业务的控股型母公司，往往无从下手。

（4）控股型母公司通常面临**资本再分配问题**。龙生九子，各有不同。之所以你看到的控股型母公司大幅折价，很可能是它把旗下优质资产赚回来的钱，投入了另一个不赚钱的业务。你在财务报表里看到的净利润都是虚的，它源源不断地往劣质资产里堆砌——钱一直在账面挂着，却是保存在垃圾桶，直到很多年后再去翻垃圾桶，才发现钱已经不见了。如果你发现一家控股型公司每年都有利润，分红很少，但利润增长方面却没什么起色，那么，它很大可能就是存在“漏油点”。

（5）控股型公司的**派息比例往往较低**，而这在注重股息回报的港股市场不受待见。因为旗下的子公司、合联营公司等都有各自的资金需求——哪怕什么都不做，多留点现金防身总会让管理层感觉更踏实——它们回流给控股总部的资金已经被打了一道折扣。而控股总部从下面收到钱，自己想着留一点，还要安抚哭着要奶的“孩子”（混得不好的子公司），剩余（回报给普通投资者）的自然就不多了。

（6）有时并不是控股母公司低估，而是旗下的上市公司高估了。所以投资者以折价为理由买入控股母公司的股票，**很可能等来的不是控股母公司股价上涨，而是旗下上市公司股价下跌**。

最后，控股型公司也不都是折价，它们也会有溢价的时候。我们看到，长期溢价的控股型母公司有中国平安、腾讯控股，等等。控股型公司折价的时候，有一堆理由来说明合理性；当它们溢价的时候，也会有另一堆理由冒出来解释（比如协同效应）。这些都没什么好奇怪的，只是不同时期市场偏好的变化罢了。

资产折价是买入的理由吗？

很长一段时间以来，A股整体市场估值都不算低，资产折价型的股票比较难找，但也不是没有。比如近几年的中国建筑，不仅市值近似或低于其港股控参股上市公司之和（8个未上市的工程局相当于白送），就连市盈率等估值也更低。这是陷阱还是馅饼？简单看折价并不能得出结论，投资者必须进行更深入的研究才能作出决策。

资产折价在港股就很常见了。港股是价值投资者的天堂，这里有很多低估的股票；它也是地狱，常常整得很多价投者“怀疑人生”。光是看看估值指标就能做好投资吗？投资可远没这么简单。关于资产折价，里头有折价的理由，也有赚钱的逻辑。这里要重点提醒的是，不要仅仅看到“折价”，抱着捡便宜的心态就冲进去——折价可能长期存在，甚至越折越多。

除了本章所述内容，投资者还须特别小心“出千”和财务作假。碰到这两种情况，再便宜也不是安全边际，资产折价毫无意义，终将被抹平。

第七章

更重要的是现金流思维

对于大多数企业来说，现金流都非常重要（金融类企业除外[①]）。企业即便亏损仍可以经营，但现金流断了就非常危险（破产重组）。现金流量表的重要性应当排在利润表之前，仅次于资产负债表。

① 金融类企业的现金流并非不重要，而是它们的关键点并未体现在现金流量表里。金融类企业更重要的是外界（尤其是负债端）对它信用风险的认可度。

许多投资者从财会的角度出发，喜欢这类上市公司：经营净现金流为正，如果其金额大于净利润则更佳。并不能说这就是错的，只是事情并非如此简单。2020 年有一家新三板精选层的“小 IPO”企业，近几年经营净现金流持续为正，且大于其净利润。但如果你仔细研究，会发现不少疑点：第一，账面的货币资金从 100 多万元逐步增加至近 4000 万元，这是经营净现金流不断堆积的结果，是好事。可是，为何账面一直趴着 2000 多万元的短期借款，5 年来不论货币资金是 100 多万元还是 4000 多万元，都迟迟不愿归还借款？第二，为何近 4000 万元的货币资金，一年下来产生的利息收入却只有 1 万多元？

财报上的利润出自会计语言，它是一种“看法”。它可能是真金白银，也可能只是纸面利润。所谓现金流思维，就是要跳出会计语言，思考两个问题：“钱从哪里来？又到了哪里去？”

除了“排雷”，更重要的是看懂盈利模式

现金流量表分作三大块，分别是经营性、投资性、筹资性现金流量表。经营性现金流指的是日常经营生产中的现金流动。投资性现金流主要是资产负债表中固定资产、无形资产、长期投资、金融证券等会计科目相

关的现金流动，而其中长期投资包括了合营、联营企业，也即对合营、联营类公司的投入（购买、出资）和支出（分红、清算、处置等）。筹资性现金流也很好理解，就是与融资相关的现金流动。融资品种千种万种，绕不开两种性质，一类权益性，另一类债务性。

许多投资者拿到现金流量表，主要用其判断企业经营的可靠性，即“排雷”。诚然，“排雷”有它的必要性，但现金流还有更重要的意义，它涉及盈利模式和竞争优势——比如 to C **的企业天生就比** to B **或** to G **的企业拥有更好的收款条件**。强势的 to C 企业不仅没有应收账款，反而有大把的预收账款（或合同负债）。反观许多 to B 或 to G 类企业，就没有那么好的现金流，甚至会在经营过程中消耗大量资本，属于“高耗资”企业。例如 to B 的建筑设计类企业，因为有大量的应收账款（属于营运资本），所以成长越快消耗的资本也越多，面临“成长的烦恼”——严重时可能资金链断裂！这种情况有一个专有名词叫“**成长性破产**”。

我们采用自下而上的投资法，首先是用估值指标筛选出备选标的，然后去剖析它们的长期竞争优势。如果投资者还在犹豫某家上市公司会不会财务造假，那么有两点是显而易见的：要么这家公司不具备明显的长期竞争优势，要么投资者没有理解它的长期竞争优势。

长期竞争优势才是投资的重点，“排雷”工作的重要性不能抢在前面。不结合企业的实际经营情况，普通投资者仅凭财报能不能躲过“雷区”？一些作假能力低的上市公司，或许会留下“大存大贷”的低级漏洞，但并非所有作假都能让投资者看出端倪。近期“暴雷”的许多造假企业，其资产负债表上的“货币资金”科目都是假的，也就是说上市公司压根就没有这个钱。连现金都可以是假的，还有什么不能作假？

有人认为，三张报表之间有钩稽关系，所以财务造假总会留下漏洞。事实真是这样吗？假设有这么一家公司，仅从财务报表来看，过去的成长性非常好，各方面指标十分优秀，即便是资深注册会计师，也无法从中看出任何问题。如果我告诉你，根本就没有这样的一家公司，财务报表从里到外完全是假的，你或许会瞪大了眼睛："怎么可能，怎么可能凭空做出一套毫无破绽的财务报表!"

其实方法很简单：找一个高速成长的行业，将前几名的财报拿出来赋予不同权重，比如对前三名分别赋予50%、30%、20%的权重，再将财报中各项数字乘以权重比例后相加，这样就行了。为什么毫无破绽？因为这是一家虚拟的企业，它相当于分别对行业前三名入股50%、30%、20%，再做出类似财务上"合并报表"这个动作。

与"排雷"相比，更重要的是"现金流思维"。类似之前我们提到的，更重要的是贴现思维，而不是用贴现法去计算精确的估值。人类走出以物易物阶段后，货币就成为所有经济活动不可或缺的"血液"。在上市公司财报中，固定资产一栏不会写上"10栋大楼""5艘船"，存货也不会写"1万头牛""10万颗螺丝"。这些会计栏目中都只会显示数字，而且这个数字是以货币来度量的。企业的经营活动都需要用到货币做载体，一类是流出，比如从供应商进货10万颗螺丝，要么是现金类（直接给），要么是信用类（赊账）；另一类是流入，比如卖出1万头牛，也是现金类或信用类。现金流思维更关注的是企业的盈利模式，思考钱从哪里来，又要到哪里去。

钱从哪里来？又要到哪里去？

做投资不看财报不行，只看财报更不行。前者类似空想家，后者类似书呆子。单纯依靠财报的一些固化思维，极容易错过大牛股。有嫌疑的公司要剔除，但不能用固化的思维去批量剔除，毕竟投资是精细活，不是流水线。

许多投资者在看待现金流量表时有一种固化思维——经营性现金流最

重要，其净值应当为正，最好与净利润规模相当，若比净利润规模高就更好；对于经营性现金流常年为负的企业，应当避开。

尽管以上固化思维不完全正确，但拥簇者众。如果不具体问题具体对待，这一条就足以使你避开很多成长股。不妨问自己一个问题：为何一定要追求经营性现金流净额为正，甚至要求其大于净利润？事实上，许多成长股的经营性现金流长期都是负的，这一点在房地产行业尤为明显。地产行业将买地归入存货，因此拿地所流出的现金就计入了经营性现金流量表，这也就导致越是成长性好的地产公司，经营性现金流反而越差。相反，如果地产商的经营现金流突然转正，反而不见得是好事，一方面，它可能没有成长性了；另一方面，可能是停工造成经营性现金支出减少。因此，用不看企业、只读财报的刻板方法得出的结果，极有可能错得离谱。

近两年，有些房地产上市公司也学“乖”了，它们通过合作开发，将原本需要归入存货的拿地动作（消耗经营性现金流），变成收购或入股其他的地产项目公司，如此操作，这笔现金流出就会计入投资性现金流量表，从而给经营性现金流创造出好看的数字（当然这是符合会计准则的）。在霍华德·M. 施利特和杰里米·皮勒合著的《财务诡计》一书中，就描述了许多财务作假案例，它们将经营性现金流出划入投资性现金流量表中，以获得好看的经营性现金净流入数据。

此外，如果一家企业的经营性现金流净额常年为正，且远大于净利润，那么这家公司**很可能处于重资产行业**，因为折旧和摊销会从利润中扣除，但不会影响经营性现金流，而新的资本开支又往往被计入投资性现金流。我这里并不是说重资产行业就一定不好，但追求经营性现金流净额大于净利润的投资者，根据财务数据算出来的东西，可能并不是他们原本想要的。比如 PPP 行业，厂房等资产（比如一个水务处理站）不会计入固定资产，而是分别计入长期应收款和特许经营权，因为理论上企业拥有的是运营权而非所有权。其中有保底收入的部分算作长期应收款，剩余部分则算作特许经营权。有趣的是，长期应收款的收支放在经营性现金流中，而特许经营权却在投资性现金流中。现实中就有两家水务上市公司，在这两种资产的划分比例上存在差异，因而得出完全不同的经营性现金流量表，即使是经验丰富的投资老手也没能看出来。

****

对现金流量表过于执着，反而可能陷入财报陷阱。投资者不妨直接思考两个问题：钱从哪里来？又要到哪里去？

一方面，对于一家正常经营的企业，钱主要从三个地方来：一是客户，二是债权人，三是股东。当然也有一些其他渠道，比如政府补贴、实控人资助，等等。

钱从债权人那里来，说明企业的有息负债垒得更高了；钱从股东那里来，说明企业进行了股权再融资，股东的权益被稀释了①；只有钱从客户那里来，才能形成利润、创造价值。从债权人和股东那里来的钱，必须帮助企业在未来获取更多的利润（从客户那里），否则就没什么意义了。

另一方面，“钱到哪里去”，主要有四个路径：一是债权人（还债），二是股东（分红或回购），三是趴在账面不动（现金或银行理财等），四是再投入（投入生产，也包括对外投资，如购买金融证券等）。

从利润的视角来看，钱最佳的去向是再投入，最差的去向也是再投入。**当留存利润沉淀在资产端，形成优质生息资产时，这就是钱最佳的去向**。此时留存利润复投，可以帮助企业获取更多利润，实现复利增长。多数情况下，这种留存利润复投带来的复利增长源自规模扩张，也就是“量增”；此外还有一部分是出于通货膨胀效应，资本开支、营运资本和利润都将上升。硬币的另一面是，如果利润堆积在一些无效或低效资产上，就

---

① 也有股东借款这种方式，可归为“钱从债权人那里来”。股东借款经常被用在集团公司旗下的各子公司之间，这样更方便调配资金。

是钱最差的去向。前面我们讨论过，一些企业面临越来越高的资本开支，但净利润却只能原地踏步。

赚客户的钱，还是“赚”股东的钱?

大多数企业赚的是客户的钱，但也有一些企业“赚”的是股东的钱（通常也有债权人陪跑）。因为钱总要从一个地方来，不能从客户那里赚到钱，就只能从股东和债权人这里凑了。“赚股东的钱”也是一种经营模式，但这并非投资者之福。这种模式有一个典型特征，就是频繁地进行股权再融资。

当然，从股东手里掏钱并不容易，所以有必要或是“包装”出利润，或是“讲故事”（光明的未来），以此来吸引股东。“包装”利润的方式五花八门，根据会计恒等式我们知道，**虚假的利润总要占据一块位置，它可能以各种形式堆积在资产端，比如现金、存货、应收账款、固定资产、商誉等科目中**①。就拿简单的“大存大贷 + 虚假现金”模式来说，利润表里有利润，现金流量表里也有现金，如果不是东窗事发，企业可以依靠股权再融资拿到钱，在主营业务岌岌可危的情况下，仍可坚持很多年。另一个出血点是收并购，这就是一个“掏口袋”的游戏。假设某上市公司花 5 亿元去收购一家价值 1 亿元的小公司，此时可以进行资产重估，评估价变成 4 亿元，剩余 1 亿元的差价变成会计科目里的“商誉”。最大的难点（或曰“黑箱”）在于，这家小公司究竟值 1 亿元还是 4 亿元，或是 5 亿元，中小投资者看不清楚，又或者明明知道它不值 4 亿元，也没有任何办法。收并购之后，这个明显过高的差价，可能通过其他途径又部分回流到始作俑者手中（管理层或大股东）。

---

① 在本书第十三章中详述。

企业是赚客户的钱，还是“赚”股东的钱？要回答这个问题，投资者**不妨思考一点：假设不进行股权再融资，这家企业能活成什么样子，能不能活下去？**

补贴模式是不是“赚”股东的钱？

近些年比较流行的“补贴模式”，行得通吗？其特色是售价比成本价还低，以此来吸引更多客户。既然售价低于成本价，必然是赚不到客户的钱了。这时候股东就得打起十二分精神了：这家企业会不会是想“赚”股东的钱？

我认为要分两种情况来区别看待：一种是市场培育，另一种是“讲故事”。在行业生命周期早期，新兴产业或新事物不赚钱是正常的。因为大众对其产品或服务了解甚少，此时企业有必要付出一定的成本去开拓市场，这时的补贴相当于销售费用——它用于抵销客户的尝试成本。这其实跟超市里的牛奶（小杯）试喝是一个意思。如果企业的客户规模急速扩大，就会使其补贴金额（销售费用）也越滚越大，远远超过其潜在净利润，亏损也在所难免。与此同时，企业的现金流呈现不断流出状态，必须进行股权再融资或者借债来“补血”——钱主要从三条途径而来：客户、债权人、股东——很显然，当客户这个途径失血时，只能依赖另两个途径了！对于处于生命周期早期的初创企业来说，债务融资是比较困难的，所以股权再融资就成为最主要的“补血”方式。

这看上去是不是很像“赚股东的钱”？

该如何去区分呢？**投资者应当关注核心的一条，就是企业的产品或服务是否能形成客户黏性！**在客户黏性这一“护城河”的保护下，企业前期花费的市场开拓费用（补贴），可以在后期赚回来。反过来说，如果没有客户黏性，即便是培育了市场，也可能是给竞争对手做嫁衣。此外，**投资**

者还可以再加一条：如果补贴消失，客户还会选用该企业的产品或服务吗？

互联网行业有一种估值方法（且不论是否靠谱），叫“客户价值”。通过测算平均每个客户在未来能给公司带来多少净利润，把这些净利润进行贴现，就得到了单个客户的价值。用平均单客价值乘以总用户数，就得到了上市公司的估值。遗憾的是，对于尚未盈利的业务来说，要估算未来的单客价值非常困难，这使“讲故事”在所难免。另一种更简单粗暴的客户价值估值方法，类似于“重置成本法”，因为投资者很难去估算未来的利润，索性把单客拓客成本算作单客价值——因为同行竞争对手想要拓展这么多客户，也可能需要耗费这么多成本！

2017 年前，曾经有家上市公司以低于成本的价格销售手机。当时，同样配置的手机，其售价明显低于竞争对手，年出货量在短期内就被刷到了千万台的量级。那么，这种补贴模式靠谱吗？我们只需思考前面列出的几条：第一，这是新兴行业吗？显然算不上，智能手机在当时已经非常普及了。第二，这种补贴能产生客户黏性吗？可能有一点黏性，但恐怕并不牢固。民间调查数据显示，安卓系统的手机用户经常更换手机品牌，我个人以及周边的朋友也都是如此。第三，如果没有补贴，客户下次还会选择它吗？这个问题就见仁见智了，需要投资者进行调研。亲自试用一下它的产品，和使用客户交流（泡论坛），都不失为一种好办法。现在我们已经可以看到结局，比较遗憾，这家上市公司已经退市了。

近几年的咖啡市场，也有一家利用补贴迅速扩张的搅局者（2020 年初爆出财务作假丑闻）。同样地，我们也可以思考几个问题：第一，咖啡行业是新兴行业吗？第二，这种补贴能产生客户黏性吗？第三，如果没有补贴，客户下次还会选择它吗？

补贴模式中除了“讲故事”以外，有没有成功的案例呢？当然有！比较典型的例子是超级大牛股亚马逊，曾长期亏损运营，但不妨碍其股价上涨数百倍。如果让你同样思考上面的三个问题，会不会有不一样的答案？

不管怎样，面对大存大贷、频繁收并购、频繁股权融资、补贴模式，我还是建议普通投资者慎之又慎。

房地产行业与现金流

对于房地产行业来说，现金流再重要不过——现金流一断，再多的账面利润也没用！归纳来说，地产行业的现金流亮“红灯”主要在四个方面，其中三个在现金流量表，一个在资产负债表。这些财务数据必须逐季盘点，根据过往的经验看，留给投资者“逃离”的时间很可能只有一天至一周。

****

红灯一：是否有“抽贷”情况？

抽贷是比较笼统的说法。抽贷是指尚未到还款期限，但银行认为企业经营有重大风险，因此要求提前还款。断贷的意思也近似。银行贷款中有许多条款，可以要求借款人提前还款，一些债券也有类似的条款。在实际业务操作中，地产商的有息负债不断到期，需要滚动续借。当地产商遇到危机时，便失去债权人的信任，没有新的有息负债续接上，而此时旧的有息负债仍在不断到期还款，导致企业现金流“失血”，情况紧急！

这一红灯，我们主要看筹资现金流。比较“取得借款”和“偿还借款”的金额，如果前者大幅小于后者，则可能存在抽贷情况。另外，这两者的绝对值还需进行“上年同比”“上期环比”分析，如果两者的金额明显减少，也可能是出现了抽贷情况——之所以“偿还借款”金额并没有明显比“取得借款”多，是因为其可能压着债务（没还）或已经逾期。

表7－1　某上市房企A筹资活动现金流量　　单位：亿元

	2020年中报	2020年一季报	2019年年报	2019年三季报	2019年中报	2019年一季报	2018年年报	2018年三季报	2018年中报	2018年一季报
吸收投资收到的现金	—	—	35.67	35.67	35.67	35.00	33.78	83.97	59.97	5.27
其中：子公司吸收少数股东投资收到的现金	—	—	35.67	35.67	35.67	35.00	34.00	83.97	59.97	5.27
取得借款收到的现金	18.29	17.38	180.35	128.68	80.99	62.14	614.30	497.43	367.04	221.76
发行债券收到的现金	9.41	2.70	48.15	41.08	—	—	79.52	78.28	48.28	41.19
收到其他与筹资活动有关的现金	23.59	7.70	243.11	82.40	49.05	11.42	187.68	80.90	51.57	50.84
筹资活动现金流入小计	51.30	27.78	507.27	287.83	165.70	108.56	915.28	740.59	526.86	319.06
偿还债务支付的现金	40.65	21.24	591.34	490.56	338.10	139.41	671.73	490.32	290.03	117.49
分配股利、利润或偿付利息支付的现金	23.01	13.03	144.67	99.54	66.85	26.71	167.92	98.00	58.77	19.23
其中：子公司支付给少数股东的股利	1.06	0.61	4.39	2.48	1.95	0.79	2.78	2.09	1.39	0.69
支付其他与筹资活动有关的现金	—	—	—	—	—	—	—	—	—	—
筹资活动现金流出小计	115.00	65.40	890.42	663.74	456.92	178.28	949.38	669.57	412.32	145.93
筹资活动产生的现金流量净额	-63.71	-37.63	-383.15	-375.91	-291.22	-69.72	-34.10	71.02	114.54	173.13

表7－1是某上市房企A的筹资性现金流量表。我们可以看出，“取得借款收到的现金”一栏，从2019年第一季度开始急剧萎缩，不管是同比

还是环比均是如此。但“偿还债务支付的现金”一栏却并没有明显减少。总体来说，筹资活动产生的现金流量净额从2018年中报开始，就已经逐季减少。有意思的是，其股价在2018年1月创出最高点，此后延绵下跌，最多下跌约八成。

****

红灯二：是否有停工迹象？

主要观察经营性现金流。很多投资者喜欢经营现金流净额为正，且最好大于净利润。但在这里，经营现金流净额突然大幅转正却并非好事，它也可能是停工造成的。在这里我们重点关注“购买商品、接受劳务支付的现金”这个会计科目，如果同比或环比减少较多，则可能存在停工迹象。之所以停工，正是因为现金流枯竭，难以给建筑商支付工程款。与此同时，投资者还要搭配应付账款一起看，如果应付账款大幅增加，那可能是对供应商（主要为建筑公司）压账而非停工，但这也并非好现象，因为它同样意味着房企的现金流紧张。

如果房企有停工迹象，那么投资者要特别留意“销售商品、提供劳务收到的现金”这个项目。正常情况下，这个项目越大越好，说明房企销售火爆。但如果是在存在停工迹象的背景下，则这种“销售火爆”可能是大幅降价促销造成的。显然，这并不是好事。

表7-2　某上市房企A经营活动现金流量　单位：亿元

	2020年中报	2020年一季报	2019年年报	2019年三季报	2019年中报	2019年一季报	2018年年报	2018年三季报	2018年中报	2018年一季报
销售商品、提供劳务收到的现金	56.02	28.02	440.79	402.88	325.33	169.85	460.36	313.93	188.92	91.26
收到的税费返还	—	—	—	—	—	—	—	—	—	—
收到其他与经营活动有关的现金	20.17	4.50	72.05	26.13	25.87	41.57	100.77	58.68	30.67	22.33
经营活动现金流入小计	76.19	32.52	512.84	429.00	351.21	211.42	561.13	372.61	219.59	113.58

续表

	2020 年中报	2020 年一季报	2019 年年报	2019 年三季报	2019 年中报	2019 年一季报	2018 年年报	2018 年三季报	2018 年中报	2018 年一季报
购买商品、接受劳务支付的现金	46.64	16.77	154.14	113.22	74.09	36.92	269.10	202.89	131.25	99.61
支付给职工以及为职工支付的现金	11.87	4.67	31.14	26.01	19.35	6.24	31.67	22.51	15.87	8.47
支付的各项税费	2.86	1.95	34.46	30.33	23.81	17.71	36.97	32.33	28.20	18.33
支付其他与经营活动有关的现金	23.90	38.45	56.95	33.29	31.80	31.16	84.07	113.26	49.47	33.16
经营活动现金流出小计	85.28	61.83	276.69	202.85	149.05	92.04	421.82	370.99	224.80	159.58
经营活动产生的现金流量净额	-9.09	-29.31	236.15	226.15	202.16	119.39	139.31	1.62	-5.21	-45.99

从表7-2我们可以看出，从2018年中报开始，“购买商品、接受劳务支付的现金”这一会计科目就开始萎缩①，而2019年一季报则特别明显，不管同比还是环比都大幅缩减。同时我们翻到资产负债表中的“应付票据及应付账款”栏目，这一栏目并没有如此明显的变化（保持在60亿~100亿元波动，不再作表列出）。这说明该房企可能存在停工迹象，投资者应当进一步确认，通过及时关注新闻并进行实地调研，可以获得有价值的信息。而“销售商品、提供劳务收到的现金”，直到2020年一季报才开始萎缩，这是停工的滞后效应。

****

红灯三：是否在卖地，卖项目？

房企间的收并购是很正常的。但如果短期内大量卖地、卖项目（项目公司），则可能是现金流紧张，不得不割肉回流现金。在财务报表中，我们可以观察投资现金流净额，如果这个项目大幅为正，则可能已经在卖项

① 财报中所示数据为当年累计，2018年一季报99.61亿元，中报131.25亿元，即二季度已下降为31.64亿元。

目或卖地了（同比、环比也比较一下）。

表 7 - 3 某上市房企 A 投资活动现金流量 单位：亿元

	2020 年中报	2020 年一季报	2019 年年报	2019 年三季报	2019 年中报	2019 年一季报	2018 年年报	2018 年三季报	2018 年中报	2018 年一季报
收回投资收到的现金	5.78	—	34.90	30.69	19.20	1.46	5.21	3.58	3.58	3.56
取得投资收益收到的现金	—	—	0.02	0.00	0.00	0.00	0.84	0.52	0.06	—
处置固定资产、无形资产和其他长期资产收回的现金净额	0.32	—	5.56	0.00	0.00	—	5.78	2.68	0.01	0.00
处置子公司及其他营业单位收到的现金净额	1.26	0.32	98.17	84.19	23.00	0.78	1.17	0.41	0.41	—
收到其他与投资活动有关的现金	2.22	0.68	54.66	66.86	73.89	8.56	48.93	20.17	10.41	0.83
投资活动现金流入小计	9.59	1.00	193.30	181.75	116.08	10.80	61.93	27.37	14.47	4.39
购建固定资产、无形资产和其他长期资产支付的现金	0.78	0.17	2.43	5.70	4.23	0.27	8.34	6.91	1.77	0.80
投资支付的现金	1.38	0.15	7.82	5.06	0.98	0.06	16.30	17.12	9.84	27.15
取得子公司及其他营业单位支付的现金净额	0.43	0.15	4.52	4.34	2.69	—	108.12	47.91	44.06	6.40
支付其他与投资活动有关的现金	15.74	3.16	33.30	5.90	5.06	2.67	52.00	13.92	17.99	19.82
投资活动现金流出小计	18.33	3.63	48.07	20.99	12.95	2.99	184.76	85.85	73.67	54.17
投资活动产生的现金流量净额	-8.74	-2.63	145.23	160.76	103.13	7.81	-122.83	-58.48	-59.20	-49.78

从表 7 - 3 我们可以看到，从 2019 年中报开始，投资性现金流开始大幅转正，这可能是在卖地、卖项目。不过投资实战中，从财报里发现这个情况时可能已经迟了。这类事件容易吸引新闻媒体的关注，早两三个月可能就已有报道。另外对于上市公司来说，较大的项目出售还需要公告，投资者应当实时关注。

****

红灯四：现金短债比。

房企的现金流出问题，无外乎两种情况：要么是销售不畅，要么是债权人失去信心，借债困难。现金流问题一旦出现，发展会很快，若等到财报发出预警，留给投资者的时间就不多了。投资者有必要逐季跟踪财报并留意新闻，做好实地调研。

相比之下，现金短债比留给投资者的观察时间更长，它可以让投资者了解房企是不是走在“悬崖”边。期限低于一年的有息债务，以及将在一年内到期的长期债务，都属于短债。它们分别挂在流动负债中的“短期借款”和“一年内到期的非流动负债”会计科目中。这里的现金并不单指纸质钞票，而是现金、银行存款、银行理财等流动性非常好的类现金资产，主要体现在“货币资金”和“交易性金融资产”两个会计科目中。短期债务给公司腾挪的时间比较短，所以需要流动性最好的类现金资产来配对。

为什么这个指标这么重要？首先，这个指标也是债权人非常关注的，是房企还款能力的重要体现。这个指标太低，可能引起债权人抽贷、断贷。其次，当房企的现金流不畅时，可以通过放缓拿地及建设进度来减少现金支出，并通过加强销售来促进回款。现金短债比高，就能给企业留出充足的时间调整经营节奏。当然，这个指标过高也并非好事，它说明房企的资金利用效率低。

现金短债比低于100%为黄色预警，低于70%为橙色预警，低于50%等于爆红灯。投资者最好回避现金短债比长期低于80%的房企。

表7－4　某上市房企B现金短债比　单位：亿元

	2018年年报	2018年三季报	2018年中报	2018年一季报	2017年年报	2017年三季报	2017年中报	2017年一季报
货币资金	1.58	8.60	9.38	8.05	8.10	48.52	38.97	46.68
交易性金融资产	0.90	8.36	6.88	5.28	5.27	—	—	0.28
短期借款	43.52	30.73	30.87	28.55	47.56	16.03	18.48	21.04

续表

	2018年年报	2018年三季报	2018年中报	2018年一季报	2017年年报	2017年三季报	2017年中报	2017年一季报
一年内到期的非流动负债	220.09	125.42	77.01	83.71	49.77	78.33	35.64	41.04
现金短债比	0.94%	10.86%	15.07%	11.87%	13.74%	51.42%	72.01%	75.64%

表7－4为某上市房企B的现金短债比情况，我们可以看到，2017年初它就位于橙色预警边缘，而2017年三季报开始迅速恶化，到2017年年报已经处于令债权人丧失信心的状态——这意味着不会有债权人愿意新增借款给它。最后这家房企的股价比2017年初下跌了近九成，以退市谢幕。

在这里还有一个指标很重要，就是“回款短债覆盖率”，即用一年内的回款金额（经营现金流入）除以短期有息债务后得出的比值。这个比值当然是越高越好，说明有息负债得以偿还的概率高，现金流断裂的概率低。

****

最后要补充说明一点，许多房企热衷于将项目子公司“出表”，我最多见过将股权占比80%的子公司“出表”。这种“出表”，主要是为了降低财报中的负债率指标，同时可能出于明股实债、合作开发等原因。**如果上市房企的“出表”项目占比较大，则会扭曲它的资产负债表和现金流量表，以上红灯可能会失效**。举个例子，一个总资产10亿元、总负债6亿元、自有股权4亿元的项目公司，上市房企占它50%的股权。如果合并报表，它将会增加上市房企10亿元总资产、6亿元总负债和4亿元股东权益（其中2亿元归母股东权益，2亿元少数股东权益）。而如果“出表”，则会把它挂在“长期股权投资”① 会计科目中，那么就是增加2亿元总资产，

① 港股财报挂在“合营企业”或“联营企业”这两个会计科目中。

0元负债。很显然，两种会计处理方法会呈现不同的负债率指标。思考极端情况，如果所有项目公司全部“出表”，那么一家负债率很高的上市房企，也可以变成账面的零负债。

第八章

这两种“搬砖”交易靠不靠谱？

我们知道，股票价格围绕其价值波动，最终决定股价的是上市公司的价值。但是完成估值工作并不容易，得到的结果也可能是模糊的，而且估值随时间流逝（企业发展）还会不断变化。

市场上有两种常见的“搬砖”交易。一种是“A、H股搬砖”，它以A、H股差价作为股价参照，也就是以两个市场中交易者的行为作为参照；另一种是股债动态平衡策略，它实质是以股票的初始成本为参照来进行高抛低吸。

两种“搬砖”交易的参照物都不是股票的实际价值，但都被不少投资者认同。它们究竟靠不靠谱呢？

A、H 股同股不同价

很多上市公司在 A 股、港股两地同时上市。按照目前的政策规定，凡是在 A 股和港股两地上市的公司，都会被纳入沪港通或深港通，这极大地方便了投资者——不管是境内还是境外投资者，都有渠道同时买卖这只股票的 A 股和 H 股。

既然如此，为何还会存在 A 股和 H 股的差价呢？其实 A 股和 H 股的"同股同权"① 主要是说投票权，同股同权不代表理应同股同价。下面站在境内普通投资者的角度，来看看这个问题。

一、A 股有两项特殊权利

境内投资者通过国内券商开户投资 A 股，可以积累市值参与 A 股"打新"。按照目前"新股不败"的规律，15 万元市值每年可获得预期收益 4% ~20%（受股市行情和新股发行频率影响）。

此外，如果上市公司发行可转债，A 股投资者还可以参与配售，初始配售比例在 99% 左右。可转债具有"上不封顶，下有保底"的特点，在大

---

① 2018 年，港股引入"同股不同权"机制，已经有一些上市公司按此规则进行了 IPO，比如小米集团。

部分时间都具有转股溢价，即便不愿持有，也可以在转债上市时抛售并赚取差价。

只不过对于大资金而言，这两项特殊权利对回报的贡献就很小了。

二、两地资金成本不同

我们知道，市场利率是资产价格的影响因素之一，因为它影响估值模型的贴现率。市场利率下行时，会促进股票、债券乃至不动产等资产价格上涨。反之，如果市场利率上行，则会压制各类资产价格。

理论上说，在市场利率更低的股票市场，股票估值应当更高，但二者并非简单的线性关系。两种货币如果可以完全兑换、流通，那么理论上市场无风险利率的差别最终会通过利率或者汇率的变动拉平。但如果不能完全互通，那情况就会变得复杂。因为 A 股和 H 股两市所在地区的市场利率不同，所以也会对资产的价格产生影响。近几年，港元利率持续低于人民币，所以 H 股应该比 A 股贵才对，但实际情况刚好相反，恒生 A、H 股溢价指数大部分时间保持在 120 以上①，A 股比 H 股贵是长期现象。

是因为境外资金对境内企业认知不够，所以需要更多的风险补偿吗？不知道，也不用强行去解释这种现象，这种现象随时可能颠倒——市场本身就被很多投机力量左右。投资理论计算出来的只是价值，投机力量搅动的是价格。

三、股息税率不同

对于个人投资者而言，目前 A 股的股息税税率依据持股期限分阶段实施：如果持股超过一年，是 0；不满一年但超过一个月，是 10%；不满一个月是 20%。这一政策对长期投资者非常有利。而个人投资者通过港股通渠道投资港股需要缴纳 20% 的股息税（内地投资者的主要渠道），非港股通渠道投资 H 股也需要缴纳 10% 的股息税②。个人投资者如果长期持股，

① 恒生 A、H 股溢价指数为 120，即表示纳入指数范围的 A 股比 H 股"贵"20%。

② 非港股通渠道投资注册地在香港或境外的公司，股息税率按照当地法律执行，可以不收取。

则 A、H 股的股息税税率（主要渠道）相差 20%。

从贴现的角度来看的话，H 股合理股价应该是 A 股的 80% 吗？毕竟这只是个简单的算术题——每一期的分红都会少 20%，直到永远。等一等，别忘了利润除了分红，还可以留存用于再投资。还记得吗？留存利润可以构建“可作弊”资产，它不受股息税影响！

我们先来假设极端情况：

（1）某只股票完全不派息，这时股息税税率不会对估值和股价产生影响。这很容易理解，因为一分钱股息税都没有缴纳。

（2）某只股票净利润 100% 用于现金派息，这时 20% 的股息税税率对估值的影响也是 20%（折扣率）。

（3）某只股票的派息率在 0 ~ 100%，这时股息税对估值的影响就没那么容易评估了，它涉及留存利润对净利润增速能有多少贡献。如果留存利润构建成为无效资产，完全不能推动净利润增长，也不能留待日后分配，这时的留存利润类似于“赚的是假钱”，对估值的贡献为零。此时不管派息率是多少，20% 股息税税率对估值的影响还是 20%（因为留存利润价值为零），这与情况（2）相同。而如果留存利润可以获得与原资本相同的收益率，那么 20% 股息税税率对估值的影响仅限于分红部分，利润留存部分不受影响。

四、股权再融资影响

第四章中我们讨论过高估值股权再融资，它是利用资本市场实现弯道超车的一种方法——尤其对于 ROE 较高且增量资本仍能实现高回报的上市公司。

我们假设某上市公司在 A、H 两地上市，其每股净资产是 1 元人民币，A 股股价为 4 元人民币（4 倍市净率），H 股股价为与 1 元人民币等值的港元（1 倍市净率）。当这家上市公司在 A 股以 4 倍左右市净率进行股权再融资时，只要增量资本仍能获取与原资本相近的收益率，就能使老股东受益——它增厚每股净资产，摊薄效应小于成长性。

假设以 A 股的市场价格（4 元）增发 20% 的新股，那么增发后的每股净资产变为：

$$(1 \times 100\% + 4 \times 20\%) \div 120\% = 1.5 \text{（元）}$$

也就是说，像这样的增发摊薄了 20% 的股权，却带来了 80% 的增量资本，增加了 50% 的每股净资产。如果增量资本仍能获取与原资本相近的收益率，那么相当于增发给 A 股股东带来了 50% 的每股盈利增长（摊薄后的，一次性的）。毫无疑问，高估值的股权再融资对 4 倍市净率估值的 A 股是有利的！

重点来了：受益于资本结构，此时更便宜的 H 股也将同样受益！不管 A 股和 H 股的股价如何波动，因为 A 股和 H 股不能互相转化，所以它们之间没有套利的“连通器”。但股权再融资的动作却有连通作用，上例中的增发同样将给 H 股带来 80% 的增量资本，以及 50% 的每股盈利增长（摊薄后）。

高估值股权再融资可以给企业带来跨越式发展的机会，但高估值也让价值投资者很难下手（买进），因为它缺乏必要的安全边际。在 A、H 股存在较大差价的情况下，投资者买入便宜的 H 股，既能享受低估值安全边际，又不会失去上市公司在 A 股进行高估值股权再融资的福利！

对于有强烈股权再融资需求、两地差价较大的上市公司来说，这是一个暗含的“彩蛋”。在本书第十一章案例中的绿色动力，就是这样一家 A + H两地上市公司，2020 年 12 月它在 A 股市场完成了股权再融资，增发价格为 7.82 元，这比当时的港股价格高出一倍多。

五、汇率波动不用担心

很多投资者都有一个担心，认为人民币升值就是对港股不利；又或者人民币贬值就是对 A 股不利。事实上，对于主营业务或主要资产在内地的上市公司来说，不管是 A 股还是 H 股，上市公司持有的都是以人民币计价的资产。用任何国家的货币来进行估值，都不会影响资产本身的价值。汇率波动对此类股票的价值没有影响，如果有影响的话，那也是市场参与者心理上的影响（投机力量）。

但是对于部分资产在国外，又或者欠了外债的企业来说，汇率波动有实打实的影响。这些影响会直接反映到企业价值之中，跟它的股票在哪个市场上市没有关系。

六、折价不是买入理由

一些投资者依据A、H股折价排行榜，买入相对A股大幅折价的H股，或者买入相对H股略微折价的A股。注意：投资远远没有这么简单！折价（即使是大幅折价）并不代表它具备投资价值，更不意味着股价将会上涨。

怎么看待A、H股“搬砖”?

不少投资者喜欢在同一家上市公司的A股和H股之间“搬砖套利”，对股价设定一个修正系数再高抛低吸，永远往“更便宜”的地方挪。这其实算不上正儿八经的套利，因为A、H股之间不能相互转换。一个套利机会不可能长期存在，因为套利资金会把价差压缩直至贴近交易成本——但A、H股差价却可以长期存在。

我们先来看一个案例：

国际原油价格从2014年6月开始下跌，9月后又加速下跌。但中海油服的A股和H股股价表现却截然相反。H股从2014年9月初开始一路走低，从23港元多最低下探至11港元左右，已经腰斩。而A股虽然也有所振荡，但总体趋势向上，从2014年9月初的19元开始，最高涨至29元。

在9月4日当天，A股的价格约为19元人民币，H股的价格约为23港元，考虑汇率后价差不大。但是随着H股的下跌和A股的上涨，这个价差越拉越大。在价差10%的位置，就已经有人A股换H股。之后沪港通开通，这个“搬砖”行动更加便利。但是最终结果，同股同权的A股和H

股，价差不但没有缩小，反而不断扩大，最终 A 股比 H 股贵一倍还多。参与中海油服 A、H“搬砖”的投资者砸了自己的脚。

为什么会这样呢？在《投资第一课》一书中我们曾经讨论过：虽然个别股票会存在投资力量为主导的情况，但股市整体的主要力量是投机力量——牛市、熊市都不例外。因为 A 股和 H 股不能连通流转，即买入的 H 股不能转换成 A 股，然后在 A 股市场高价卖出。所以“搬砖”的资金，买卖一次后就被定格，它很快就被投机力量淹没。

需要注意的是，这个案例有一个重要背景，就是 A 股市场进入了 2014—2015 年的大牛市。我们回到一个终极问题：投资究竟是赚企业成长的钱，还是赚市场的钱？

经典“烟蒂股”投资法看重资产折扣，留出安全边际，四折买入七折卖出，更多依赖估值变动，算不算赚市场的钱？成长股投资陪伴企业成长，持有期更长，但也必须考虑估值。古语“贵出如粪土，贱取如珠玉”，道尽了投资的真谛。价值投资很大一部分就是占市场先生的便宜，不然怎么会有“戴维斯双击”这个词？**价值投资并不是不赚市场的钱，而是着眼于价值和贵贱，不去预测市场的走势——价格大幅低于价值时买进，反之卖出**。

A、H 股“搬砖”本身也是想赚取市场的钱，希望在窄幅波动中赚取差价，但遗憾的是它必须付出交易成本。能否赚到市场的钱是不确定的，但交易成本是确定要付出的。不管搬砖者是否意识到，搬砖的本意是赌差价缩小，但结果并不一定如愿。投资者可能赚到窄幅波动的小钱，但也可能失去市场先生的大馈赠——“从贱至贵”的大幅波动。当然最惨的情况就是两边打脸，一如前文中海油服的例子。

动态平衡策略能否提高投资收益？

格雷厄姆在《聪明的投资者》一书中，提到了一种股债动态平衡策略，即设定一个股票与高等级债券的市值比例，如典型的50∶50、75∶25等。因为债券的波动性远小于股票，当短期内股票上涨（或下跌）时，会使股票的市值大于（或小于）债券的市值，从而偏离初始比例。当触发一定的阈值后，投资者卖出（买入）股票并买入（卖出）债券，以维持初始比例。《聪明的投资者》还建议普通投资者的股票类投资比例，在任何时候都不要低于25%，也不要高于75%。

股债动态平衡策略是不是跟前面的“A、H股搬砖”挺像？只不过“A、H股搬砖”参照的是A、H股差价，而动态平衡策略参照的是股票与债券的差价。把股债动态平衡策略中的股票换成A股，债券换成H股，依样调节仓位，是不是组成了“A、H股动态平衡策略”?

常有人说，“上涨赚钞票，下跌赚股票”，真有这种好事吗?

需要注意的是，这并不是一种“左脚踩右脚，右脚踩左脚”的飞天之术，格雷厄姆也从来没有说过这套策略一定可以提高收益。它的主要目的是在股票市场向下振荡时缓和市值波动，安抚投资者情绪，不至于一下子亏太多（接受不了）。遗憾的是，今天躲过下跌的也会在日后躲过上涨。时至今日，市场上还衍生出一些变种策略，比如用某种宽基指数与国债（其实货基也行）进行搭配，当宽基指数向上突破20日均线则卖出国债买进指数基金，向下跌破20日均线则卖出指数基金买进国债。

如何看待股债动态平衡策略?

动态平衡策略有两个可以调节的变量，一是股债比例，二是触发调仓的阈值（下称触发阈值）。股债比例可以是50∶50，也可以是75∶25，等等。下面我们以常见的50∶50为例。触发阈值可以是5个点（55∶45），也可以是10个点（60∶40），等等。触发阈值过大，可能错失交易机会，过小则增加交易成本。**不管何种交易策略，收益是不确定的，但交易成本是**

确定要付出的。

股债动态平衡策略一边是股票，另一边是债券，且通常为安全等级较高的债券。那么这一边为什么是债券呢？其实把债券换成其他“低波动、易变现资产”也是同样的效果。纯现金没有投资回报，是低效资产，而《聪明的投资者》成书的那个年代还没有货币基金，所以高等级债券是比较合适的选择。

动态平衡策略使投资者持仓的市值曲线更平滑。当股票市场单边上涨时，它的净值涨幅会偏小；同理，当股票下跌时，它的净值跌幅也会偏小。简言之，就是涨得少，跌得也少。只有在股票市场窄幅上下波动时，它才能够获得相对超额收益——这时动态平衡的交易结果就是高抛低吸的“网格交易”。

短期内，对于一只特定的股票来说，股价越高意味着回报率越小。但股票上涨，并不代表上涨后的回报率就已经低于债券，那凭什么要在触发阈值时将一部分股票置换成债券呢？中长期看，股票的价值跟随上市公司经营状况而变动。如果股价上涨赶不上其价值提升幅度，那便是“越涨越便宜”，这时更不应当仅仅因为股价上涨就进行置换。

不论采用何种方式的动态平衡策略，仓位的变化始终无法替代选股工作。换句话说，无论将仓位管理方法研究得多透彻，都不能帮助投资者选到更优秀、更便宜的股票，进而提高总收益。股债动态平衡策略与成长股投资两者不可兼得。如果你期望找到一只彼得·林奇描述的“Tenbagger”（十倍股），同时又采用动态平衡策略，那无疑是错失一只大牛股最好的方法。在十倍股上涨的过程中不断将其卖出并换成债券，会是一种怎样的体验呢？

另外，不管怎么调仓，我们注意到它有一部分仓位自始至终是股票，另外有一部分仓位则自始至终是债券。我们可以把它看成三个部分：第一部分始终是股票，第二部分始终是债券，第三部分是股票和债券来回变动。我们都知道，股票的长期收益率是高于债券的。那么，始终是债券的这部分仓位，显然会拉低整体长期投资回报率。

当然，股债动态平衡策略也有它的优点，它增强了投资组合的流动性。现今债券市场比较冷清，我们可以用货基来替代债券，还原该策略应有的流动性。《投资第一课》一书解释了股票的流动性其实并不好（虽然买卖很方便）——其期限太长，且价格可能长期偏离价值。相对来说，债券、货基或现金等流动性更好的资产，价格与价值的偏离幅度较小，这就为个人投资者的期限配对提供了便利。比如股市处于熊市底部时，股票估值极低。如果采用动态平衡策略，那么当个人投资者面对计划外的突发开支时，就可以抛售债券而非廉价的股票。

激进的仓位管理可能暴露较多风险，保守的仓位管理则可能收益不足。对于仓位管理来说，无论如何在三种等级①的资产之间来回切换，都是有利有弊。大多数主动型仓位管理，都会有意无意附带投资者对后市涨跌的看法。如果你真的想采用股债动态平衡策略，那么当比例及触发阈值设置好以后，就必须严格执行，否则就变成了主动型的仓位管理。

股债动态平衡何时能获得超额收益?

在某些时刻，股债动态平衡策略确实可以获得超额收益，但投资者不能认为这种超额收益可以一直延续下去。须知，任何交易策略都可能在短期获得超额收益。

那么，什么情况下它能取得超额收益？在揭晓答案前，我们不妨先加入几个定义：

（1）将因股票上涨而触发阈值导致的调仓称为“上趋势调仓点”。

① 参见前作《投资第一课》第二章第三节“如何进行仓位管理”。

（2）将因股票下跌而触发阈值导致的调仓称为“下趋势调仓点”。

很显然，（1）是卖股票买债券，（2）则是卖债券买股票。

（3）如果一直触发“上趋势调仓点”，称为“连续上趋势调仓”。

（4）如果一直触发“下趋势调仓点”，称为“连续下趋势调仓”。

（5）如果在触发某种趋势调仓后，接着触发一次相反种类的调仓，称为一次“折返趋势调仓”。

我们知道，股债动态平衡策略的一边是股票，另一边是高等级债券，而之所以选取高等级债券，是因为它波动相对较小，又不像现金那样毫无收益。我们先按住债券这一头不动，即假设历次调仓的时间间隔非常短，此时债券的价格没有变动。

情形 1：在触发一长串连续上趋势调仓后，再触发一长串连续下趋势调仓，股价回到起始位置。

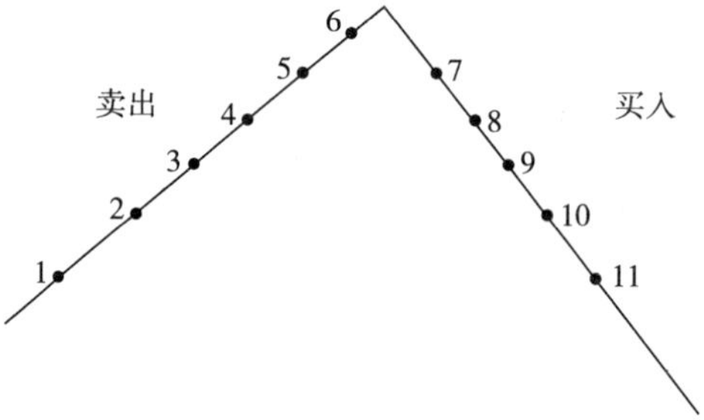

图 8－1　连续上趋势调仓＋连续下趋势调仓

由图 8－1 我们可以看到，随着股价上涨，图中左侧的点 1 至点 6 都处于卖出股票的状态。在股价开始下跌后，又进行买入操作，图中右侧从点 7 至点 11 均为买入状态。在点 1 卖出的股票，又在点 11 用相近的价格买回来了。同样地，点 2 对应点 10、点 3 对应点 9……在最后，总会留下一个点 6 只有卖出没有买入。这么看来的话，虽然在情形 1 中耗费了 11 笔交易费用，但最终只有一笔点 6 的交易是卖在了高位。

情形 2：在触发一长串连续下趋势调仓后，再触发一长串连续上趋势调仓，股价回到起始位置。

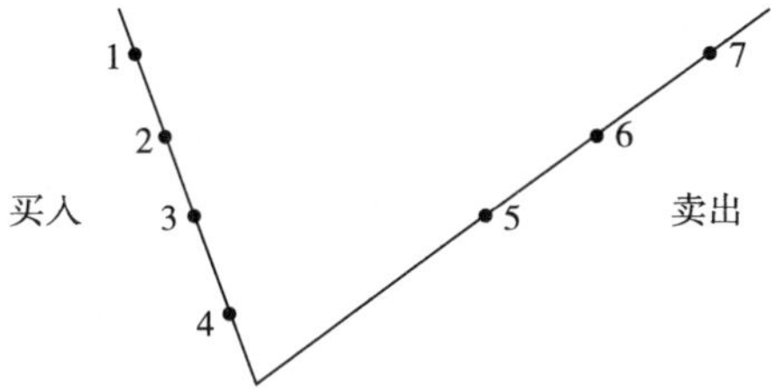

图 8 -2 连续下趋势调仓 + 连续上趋势调仓

如图 8 -2 所示，跟情形 1 类似，我们看到左侧的买入点位 1、2、3，分别与右侧的卖出点位 7、6、5 抵销了，买入和卖出在相似的价位。无论如何，总会有一笔像点 4 这样的买入点，没有被抵销。最终结果就是在付出了 7 笔交易费用后，有一笔点 4 的交易是买在了低位。

情形 1 有一笔卖在高位，情形 2 有一笔买在低位，如果不考虑交易费用，动态平衡策略是不是真的可以实现低买高卖？我们再来看情形 3。

情形 3：总体而言，股票市场是曲折向上的，很难像情形 1 和 2 那样，总是能回到初始位置。所以股价的真实走势更像图 8 -3。

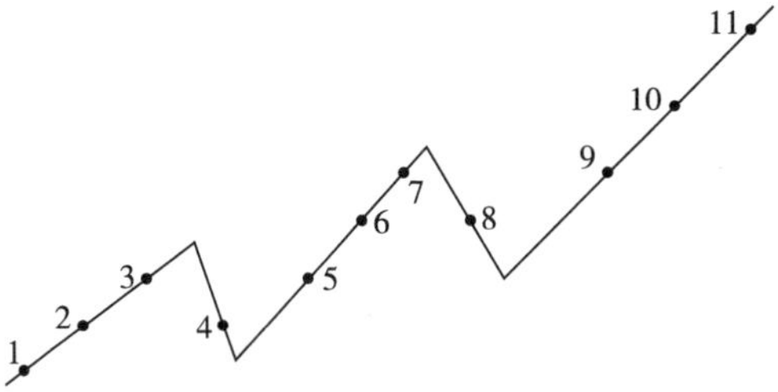

图 8 -3 整体上涨趋势

图中点 1、2、3、5、6、7、9、10、11 处于股市上升阶段，是卖出点；而点 4、8 则处于股市下跌阶段，是买入点。我们看到图中卖出点远多于买入点。实际上只要股票整体走势是朝上的，卖出点肯定会多于买入点。在点 2 与点 4 对冲，点 6 和点 8 对冲以后，剩余的点全是卖出点。**所以股债动态平衡的长期整体效果，就是随着股市的上涨不断减仓**。

再问一句：什么情况下这种策略能获得较好的短期效果呢？我们注意到情形 1 有一笔高位卖出，情形 2 有一笔低位买入，其他的点位只不过是相似价位的买入和卖出，效果抵销且还需付出交易成本。情形2因为交易点位更少，因此付出的交易成本也更少。所以当交易磨损成本少，高位卖出点和低位买入点多的时候，该策略就能获得较好的效果，例如下面的情形4。

情形4：股价窄幅波动，不断触发折返趋势调仓。**折返趋势调仓被触发的次数越多，连续趋势调仓被触发的次数越少**（因其最终效果就是增加交易磨损），**股债动态平衡策略的效果越好**。在情形1中点7是一笔折返趋势调仓，情形2中点5是一笔折返趋势调仓，它们共同的特点是买卖方向发生了变化。我们来看图8－4。

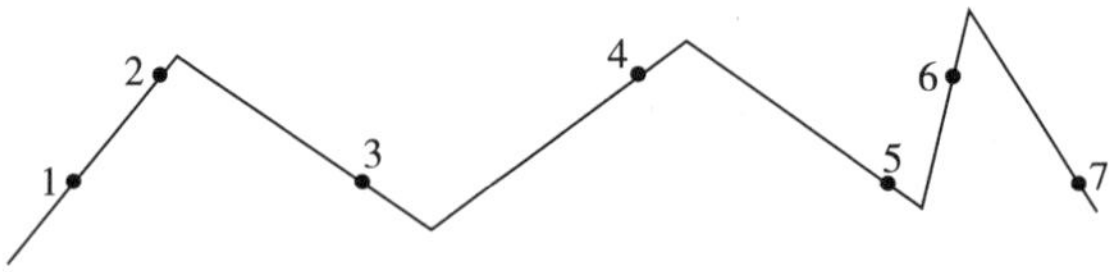

图8－4　整体折返趋势

我们看到，点1、2、4、6是卖出点，而点3、5、7是买入点。点1（卖出）和点3（买进）抵消后，剩余点2、4、6三个高位卖出，点5、7两个低位买进，这些都可以看作“高抛低吸”。

****

总结：短期内的波动难以预测，且不随个人意志转移，因此投资者并无法事先预估短期内股债动态平衡策略的收益情况。如果较多触发折返趋势调仓，较少触发连续趋势调仓，则该策略可以获得较好的效果。但长期来看，因为股票的长期趋势是不断向上的（情形3），所以股债动态平衡策略相当于不断减仓，它的长期收益率比不上满仓股票。

以上的情形模拟都是简化模型，而且我们把债券的价格固定不动。如果把债券的波动也叠加进去，会得到相同结论。如果债券与股票的价格波动是同方向的，则会延缓各种类型的调仓时机；反之则会加快调仓，仅此而已，不再赘述。

第九章

警惕：线性外推思维！

我们小学时做的数学填空题，就用到线性外推法。比如下面这道题：

请填写空格处的数字：5，10，15，20，25，30，__，…

线性外推法是数学和物理中较为基础的一种计算方法，反映的是随着时间推移，事物按恒定的增长率变化。用二维坐标系表示，就是Y=aX+b，其中X、Y为变量，a、b为常数。在坐标系中，线性外推法得出的是一条直线，我们通过这条直线来判断事物未来的发展趋势。

线性外推法早已经潜移默化地植入我们的大脑，从幼时就不断使用它。这是一种人类的自然反应，是大脑暂时无法解决复杂事务时发出的一种条件反射。它帮助我们简化问题，快速作出反应。

那么在投资中，线性外推思维扮演着什么样的角色呢？

什么是线性外推思维?

普通电水壶插电后，水温从60℃升高至70℃需要烧一分钟，请问从70℃升高至100℃需要几分钟，答案是三分钟吗？应该说“三分钟”这个答案与正确答案相距不远，但不精确。

线性外推法帮我们将问题简化，但要细究起来，我们还得考虑更多东西。首先，温度越高，热量损失的速度也越快。在电水壶不能完全保温的情况下，70℃升高至100℃的时间会超过三分钟。其次，还得考虑海拔因素，高海拔地区的普通热水壶根本就无法把水烧到100℃！最后，电水壶烧水的原理是电流通过电阻使其发热，而电阻的阻值也会随温度变化，温度越高电阻越大，电水壶的热功率并不是一条直线，这里面的公式就更复杂了。

具体到投资上，线性外推思维也经常影响我们的判断。对于一家过去几年业绩增长率稳定在20%左右的上市公司，投资者会倾向于认为今年的业绩增长率也是20%左右。没有重大基本面事件发生时，分析师会给出类似于18.59%或23.13%的增长预期，像这样的分析报告都可以安全过关。但如果你给出2%的增长预期，那就属于病得不轻或“恶意看空”了。

如果投资者相信过去的“好学生”在未来也大概率会是“好学生”，那么线性外推思维可以帮助我们简化问题。基本面分析也是先站在历史经营数据之上，再去展望未来。对于一家没有优秀经营历史的上市公司，你很难相信它会创造美好的未来。

但线性外推思维也存在很大问题，每每踩雷以后投资者才意识到它的杀伤力。线性外推思维的出发点是从数字中找规律，用已有的数字推导未来的数字，但这些已有的数字（用于推导）是已经结束的结果，而非引发未来事件的原因，以果导果本身就是一种逻辑错误。这些数字不能完全反映现实经营中的诸多变量，比如竞争对手的策略变化，又或者原材料价格波动，等等。投资者当然不会笨到直接画个坐标轴，再用 $Y = aX + b$ 去推算未来业绩，但线性外推思维是潜移默化的，很难摆脱。一家过去几年业绩增长率稳定在20%左右的上市公司，投资者不考虑其他因素，仅仅用线性外推思维去预估今年业绩增长（也是20%左右），对错概率或许是50:50；如果预估未来3年、10年业绩增长也都是20%左右，错误的概率就会成倍上升；而如果将永续增长率也设为20%，那就完全错误了。通常专业投资者不会犯这个错误，被股价上涨冲昏头脑的疯狂“投资者”除外。

2013年，复盘经典案例

让时光回溯到2013年，我们来看一个案例。

表9-1　2000—2012年两家公司业绩与分红对比

年份	A公司				B公司			
	净利润（亿元）	净利增速（%）	现金分红（亿元）	当年分红率（%）	净利润（亿元）	净利增速（%）	现金分红（亿元）	当年分红率（%）
2000	2.39	—	3.46	首发上市	—	—	—	—
2001	6.46	170.29	1.57	24.30	3.28	—	1.50	45.73
2002	8.92	38.08	1.55	17.38	3.76	14.63	0.55	14.63

续表

年份	A 公司				B 公司			
	净利润（亿元）	净利增速（%）	现金分红（亿元）	当年分红率（%）	净利润（亿元）	净利增速（%）	现金分红（亿元）	当年分红率（%）
2003	13. 91	55. 94	4. 60	33. 07	5. 87	56. 12	0. 91	15. 50
2004	20. 38	46. 51	3. 63	17. 81	8. 21	39. 86	1. 97	24. 00
2005	27. 02	32. 58	3. 63	13. 43	11. 19	36. 30	1. 42	12. 69
2006	38. 32	41. 82	0. 00	0. 00	15. 04	34. 41	5. 58	37. 10
2007	63. 35	65. 32	7. 24	11. 43	28. 31	88. 23	6. 61	23. 35
2008	78. 85	24. 47	15. 06	19. 10	37. 99	34. 19	10. 91	28. 72
2009	121. 04	53. 51	11. 13	9. 20	43. 12	13. 50	11. 18	25. 93
2010	175. 81	45. 25	26. 72	15. 20	50. 51	17. 14	22. 65	44. 84
2011	279. 20	58. 81	85. 1	30. 48	87. 63	73. 49	41. 50	47. 36
2012	375. 63	34. 54	87. 37	23. 26	133. 08	51. 87	66. 64	50. 08
合计	1211. 28		251. 06	20. 73	427. 99		171. 42	40. 05
复合增速		52. 42				40. 02		

注：现金分红为当年的中期 + 末期利润分配方案之和，其中末期利润分配实施时间在次年。

A 公司于 2000 年 12 月 19 日 IPO 上市，B 公司于 2001 年 8 月 27 日 IPO 上市，两者上市时间相近。业绩方面，从上市到 2012 年末，A 公司 12 年间增长 156. 2 倍，B 公司 11 年间增长 39. 6 倍；前者年化复合增速 52. 42%，后者年化复合增速 40. 02%。

像这样长期的增长业绩，放在全世界任何一个股票市场都是非常亮眼的。即使在次贷危机的 2008 年，A、B 两家公司仍然实现了 24% 以上的业绩增长，还有比这更糟糕的外部环境吗？站在 2013 年初的时间节点①，你预估其后 3 年的业绩增速分别是多少呢？你会分别给它们多高的估值呢？

先不要看后文，把你想到的数据填在下面的表格里。

① 2013 年只能看到 2012 年的年报。

表 9-2　对两家公司估值（第一轮）

年份	A 公司		B 公司	
	业绩增速	你愿意给的估值（市盈率）	业绩增速	你愿意给的估值（市盈率）
2013				
2014				
2015				

你会不会潜移默化地受到线性外推思维影响呢？如果你感兴趣，可以去翻看 2013 年与之相关的券商研报，里头会有对其未来 3 年的业绩预估，看看它们是否也会受到线性外推思维的影响。

填完表格，我们继续。

****

2013 年，A 公司的股价最低 7.5 元，市值 2127.45 亿元，对应 2012 年业绩的静态市盈率为 5.66 倍；B 公司的股价最低 122.5 元，市值 1271.55 亿元，对应 2012 年业绩的静态市盈率为 9.55 倍。A 公司是民生银行，B 公司是贵州茅台。

2013 年因为"钱荒"等原因，银行股普跌；同时，因为塑化剂事件、限制"三公消费"、严查酒驾等原因，白酒股同样是普跌。两个行业都"跌出"了价值，估值达到各自冰点。银行股中的民生银行，是 2012 年底银行股上涨行情中的领头羊，风头仍盛。当时的银行被视为"百业之母"，是没有"天花板"的行业（考虑货币量供给必然不断增长），投资银行股就是投资国运；而白酒股中的贵州茅台，高端白酒的老大，拥有强大的品牌溢价能力和提价权，非常高的毛利率和净利率，在价值投资经典案例中长期霸榜。比喜诗糖果更强的是，贵州茅台的产销量仍有较大的提升空间！

那么谁更具备投资价值呢？在投资论坛上它们各自拥有大批"粉丝"，展开了一场又一场轰轰烈烈的讨论。

等等，我们好像还漏了点什么。是的，我们还必须考虑股本再融资的摊薄因素。这个因素很重要，刚刚在填表的时候你考虑过这一点吗？

民生银行 IPO 时发行了 3.5 亿股，发行后 17.3 亿股，首发摊薄了 20.23%；贵州茅台 IPO 时发行了 7150 万股，发行后 25000 万股，首发摊薄了 28.60%。虽然贵州茅台首发摊薄更多，但得益于品牌专营垄断和提价权，它仅需要较少的资本消耗就能带来强劲的利润增长，上市后没有进行过再融资。民生银行则进行过非公开发行、可转债发行、H 股新股发行等多次再融资稀释。因为可转债转股期间价格并不固定（随分红除权调整），所以我们用下面的方法来还原这 12 年股本再融资的影响。

我们来看看民生银行的送转股情况，如表 9－3 所示。

表 9－3　2000—2012 年民生银行送转股方案

年份	方案
2000	10 转增 3
2001	10 送 1.5
2002	10 送 2 转 1
2003	10 送 2
2004	10 送 2
2005	10 送 1.5
2006	10 转增 1.9
2007	10 送 2
2008	无送转
2009	10 送 2
2010	无送转
2011	无送转
2012	无送转

其中 2000 年的方案是 2001 年实施，而 2012 年无送转，所以也不用在 2013 年考虑分时间段去调整。经过多年的送转，投资者期初持有的 1 万股约变为 55151.1 股，而期初对应总股本为 17.3 亿股，期末对应 283.66 亿股，得出期末股份占比已经被摊薄为期初的 33.64%。

$$\frac{\text{持有至期末后股份占比}}{\text{1 万股在期初时股份占比}}=\frac{55151.1\text{ 股}\div 283.66\text{ 亿股}}{10000\text{ 股}\div 17.3\text{ 亿股}}\times 100\% = 33.64\%$$

我们用33.64%再乘以业绩增长倍数157.17，得到52.87——这是股本再融资调整后民生银行的业绩增长倍数。因为贵州茅台上市后没有再融资，不需要进行调整，可以直接拿来比较。比较的结果如表9-4所示。

表9-4　民生银行和贵州茅台业绩增长对比

民生银行		贵州茅台	
12年业绩增长倍数	157.17	11年业绩增长倍数	40.57
摊薄因素	33.64%	摊薄因素	—
撇除摊薄后业绩增长倍数	52.87	撇除摊薄后业绩增长倍数	40.57
调整后年化复合增速	39.19%	调整后年化复合增速	40.02%

说实话，我也很惊讶两者的结果会如此接近。最后还要考虑民生银行的综合分红率为20%，而贵州茅台高达40%，因此，贵州茅台的优势更大一点。当然这是从经营层面考虑，从投资角度看，贵州茅台的高分红率被高估值抵消了，投资者实际到手的股息率并不一定高。

今天来看（2020年），结果是显而易见的，不存在什么“争不争”的问题，但这毕竟是通过“后视镜”的看法。我们回归到2013年，看看两者的背景。

民生银行上市后12年时间业绩复合增速约52%，并且近几年（2013年节点）业绩增速也保持在34%~58%（并未明显降速），线性外推思维会潜移默化地影响投资者决策。2013年整个宏观实体经济已有点疲软，但GDP仍维持正增长，银行业利润非常丰厚，管理层公开表示，“赚钱都赚得不好意思”，而且供给侧改革要两年后才开始。银行业开启了一系列监管调整，包括利率市场化、存款保险制度、严控银行服务收费标准，等等，但让投资者“怀疑人生”的，主要是自2009年以来银行股就一直处在降估值的通道中——股价上涨大幅落后于业绩增长。

贵州茅台上市后11年时间业绩复合增速约40%，但2013年遭遇了白酒塑化剂事件、限制“三公消费”、严查酒驾等不利影响，飘荡在股票市场的声音是“年轻人不喜欢喝白酒”，消费习惯将改变。整个白酒行业都受到了巨大影响，不少上市公司业绩开始倒退，就连贵州茅台的零售价（非出厂价）也大幅下跌，还被传出“批零倒挂”。高端白酒市场的容量还能扩张吗？贵州茅台的强大品牌力，能否从高端市场中抢走竞争对手的市场份额，继续支撑业绩增长？

****

2013 年，民生银行业绩增长 12.55%，股价上涨 1.57%（复权后，下同）；贵州茅台业绩增长 13.74%，股价下跌 36.57%。两者业绩增速差不多，但民生银行的股价更坚挺，这可能得益于更低的估值。这一年是民生银行上市后业绩增速首次跌破 20%。

2014 年，民生银行业绩增长 5.36%，股价上涨 71.39%；贵州茅台业绩增长 1.41%，股价上涨 66.87%。两者业绩增速相差不大，均首次跌破 10%，民生银行略赢。股价方面也是民生银行略赢。两者股价均大幅上涨，原因更多来自 2014—2015 年的大牛市，当年沪深 300 指数上涨 51.66%。

2015 年，民生银行业绩增长 3.51%，股价下跌 9.81%；贵州茅台业绩增长 1.00%，股价上涨 28.73%。2013—2015 年 3 年时间，两者的业绩增速均呈现逐年下降的趋势，完全脱离了原来的区间。

现在，你可以拿这个结果去和表 9－2 中填的数据作对比，看看差距有多大。然后，试着再估算一下，2016—2018 年 3 年间，两者的业绩增速和你愿意给的估值，填入表 9－5。

表 9－5　对两家公司估值（第二轮）

年份	A 公司		B 公司	
	业绩增速	你愿意给的估值（市盈率）	业绩增速	你愿意给的估值（市盈率）
2016				
2017				
2018				

****

我们继续往下看。

2016 年，民生银行业绩增长 3.76%，股价下跌 2.11%；贵州茅台业绩增长 7.84%，股价上涨 56.6%。两者业绩增速相差依然不大，但股价涨跌幅度已经有天壤之别。如果用市盈率和市净率去估值，估值比民生银行“贵”很多的贵州茅台，变得更“昂贵”了。其实从 2015 年开始，贵州茅台的股价已经开始回暖。从实体经营来看，2015 年贵州茅台零售终端价格也已经开始止跌回暖，虽然这些有利因素还没有体现到净利润增长中，但预收账款已经从 2014 年的 14.76 亿元上升至 2015 年的 82.62 亿元，2016 年又进一步上升至 175.41 亿元。

2017 年，民生银行业绩增长 4.12%，股价下跌 4.33%；贵州茅台业绩增长 61.98%，股价上涨 111.80%。民生银行业绩几乎原地踏步，估值则进一步下降。贵州茅台业绩与股价同步上升，连续 3 年股价上涨幅度大于业绩增速，估值上升近一倍。

2018 年，民生银行业绩增长 1.03%，股价下跌 16.91%；贵州茅台业绩增长 30.00%，股价下跌 14.20%。民生银行业绩继续原地踏步，股价则 4 年连跌，估值继续压缩。贵州茅台业绩稳健增长，股价回调。2018 年整体看，股票市场为熊市，沪深 300 指数下跌 25.31%。

2019 年，民生银行业绩增长 6.94%，股价上涨 16.12%；贵州茅台业绩增长 17.05%，股价上涨 103.26%……

未来的剧本又将如何撰写？民生银行能否绝地反击，重拾辉煌？贵州茅台这棵“大树”能涨到天上去吗？我不知道，唯有时间能给出答案。

贵州茅台是我错失的又一只大牛股。2013 年我也曾经深入研究过贵州茅台，当时的一些文章现在还挂在博客上。为什么是贵州茅台，不是其他白酒股？当时低端白酒同质化严重，供过于求；但高端白酒在白酒危机之前一直处于供不应求、不断涨价的状态。贵州茅台是所有白酒股里毛利率最高的，品牌形象也是最高端的。如果整个白酒市场的需求萎缩，拥有品牌专营垄断的贵州茅台可以减量保价。随着通胀和人民生活水平提高，贵州茅台只要保持住价格不降，就能实现消费下沉①，获取更多的市场份额。最让人欣慰的是，白酒的存货没有保质期，不仅不会过期反而会增值，所以即便是减少销量，贵州茅台也等得起。况且对于毛利率高达90%以上的贵州茅台来说，因缩减销量而囤积的存货并不需要占压太多资金。

但我当时在干什么呢？我一直在忙着“吮手指”。反思当时的决策过程，主要的投资盲点有：

第一，因为2012年之前的数年时间，我在投资上的主要精力放在银行股。银行股不断下移的估值水平，让我心有余悸——过于担心“估值下移”的风险，而轻视了经营层面的差别。虽然贵州茅台也最低跌到10倍市盈率左右，但当时的浦发银行等银行股市盈率只有约4倍。10和4从数字上看相差不大，但从倍数上看，前者却是后者的2.5倍。即使是26%的业绩增速（已经很了不起了），也需要4年时间才能拉平这个估值差距。因此，捡“便宜”的心思在大脑中占了上风。

第二，高杠杆高负债的公司与完全无有息负债的公司，从估值角度去看本就应当享受不同待遇，这是理所当然的。何况贵州茅台还拥有品牌专营垄断和提价权！这一点在本书的前几章中已有探讨，但当时的我并没有意识到。

第三，受到线性外推思维潜移默化的影响，对银行股经营业绩有所误判。这个误判直到2015年我才反应过来。

① 关于消费下沉的内容参见前作《投资第一课》。

银行股之殇

从2009年开始，A股的银行股就开启了降估值之路。因为其在整个A股市场估值偏低，成长性又好，受到不少投资者青睐。看好银行股的投资者被称为“银粉”。但从2013年开始，银行股的业绩增速普遍开始放缓，银行股似乎从“低估成长”变成了“低估烟蒂”。即便是在2014—2015年的大牛市顶峰，许多银行股的静态市盈率也仅有10倍左右。大多数时候，你都能找到在四五倍市盈率趴着的银行股。

对于大多数“银粉”而言，这是痛苦的。如果你仅仅因为估值低而选择银行股，市场先生将极大地考验你的耐心。当其他股票因为各种概念而疯狂上涨时，银行股臃肿的身子即便是龙卷风也吹不起来。所以我们再次反思，指望估值上移来实现超额回报，究竟算不算投机呢？估值低的股票就一定能上涨吗，估值高的泡沫就不能继续狂欢吗？我认为这些都取决于其他交易者或潜在交易者的看法及行为，单个投资者无力改变。投资成果究竟多大程度来源于能力，又有多少来自运气，确实很难区分。

不走运的是，从2013年开始银行股的业绩也普遍开始原地踏步。估值不提升，业绩原地踏步，这种情况下银行股的投资回报可想而知。当然，宁波银行、招商银行等少数除外。

下面我们复盘近20年股份制商业银行（以下简称“股份行”）业绩的变化情况。

第一阶段从21世纪初至2007年，一些股份行出现了爆发式的业绩增长。许多股份行的业绩复合增长率超过50%，而且期间出现过多次超过80%的增长，属于当之无愧的“成长股”。我认为主要的原因有：

（1）经济持续高速增长，银行贷款坏账率逐步降低，旧有坏账不断盘活。

（2）这一期间广义货币 M2 的平均增速超过 18%，优秀银行的资产增速更是大幅超过了这个速度。

（3）当时核心资本充足率只需 4% 即可达标，杠杆更高。银行只需要较少的自有资本，就能支持其总资产的极速扩充。

（4）大量超过 2 倍 PB，甚至 3 倍 PB 的高估值融资，为银行的发展提供了资本，极大提高了每股净资产，而股东权益稀释则相对较小。

（5）通过电子替代、组织架构建设等手段，优秀银行的成本收入比从 40% 以上逐步下降到 20% 左右。

（6）金融服务多样化，非息收入极大提高。优秀银行的非息收入占比从不足 10% 提高到了 25% 以上。

（7）由于不良贷款的历史原因，本着“谁行谁上”的原则，股份行的营业网点开始在全国遍地开花，股份行发展速度远超四大行。

（8）所得税从 33% 降低至 25% 等其他因素。

****

第二阶段从 2008 年开始至 2013 年上半年，虽然股份行的业绩增速仍保持较高水平（20% 以上），但已经比前面几年下了一个台阶。主要原因有：

（1）核心资本充足率要求 8.5%，四大行甚至达到 9.5%。这大大降低了银行的杠杆，使银行一发力就面临“核心资本充足率不足”的尴尬。

（2）股市低迷，银行股估值低，股权再融资难以成行，核心资本补充困难，因此也无法继续快速垒规模。

（3）坏账率、成本收入比等下降到一定程度后，因边际效应递减，难以继续改善。

（4）拨备等监管要求不断提高，银行的一部分利润用于补齐监管缺口。

（5）多次“非对称”降息，以及货币 M2 增速下降，使间接融资需求下降，挤压银行利差。

简言之，银行的经营水平逐步改善之后，再继续改善的余地不大。“好到不能再好”时，业绩猛增的空间也不大了。

****

第三阶段从2013年下半年至今，许多股份行的业绩开始原地踏步，业绩增速连年徘徊在个位数。这其中的原因有很多，但最主要的原因只有一个：股份行开始清理坏账，并且是以“时间换空间”的方式清理。坏账逐步加速暴露和清理（而非一暴到底），侵蚀了因规模增大带来的利润增长，所以业绩就开始原地踏步（当然也没有惊吓）。2017年同业利率上升较快，给一些银行业绩带来了压力，它们不得不放缓了坏账暴露的速度（在财报上），让业绩得以小幅正增长——这也是以时间换空间。

银行业的不良贷款集中在制造业、零售与批发、采矿业这三个行业。它们在总贷款中的比重变化，一定程度体现了银行坏账的出清速度。我们依然以民生银行为例，来看看近10年的情况。

表9-6　2010—2019年民生银行业绩与贷款分行业占比

项目	2010年	2011年	2012年	2013年	2014年	2015年	2016年	2017年	2018年	2019年
总资产（万亿元）	1.82	2.23	3.21	3.23	4.02	4.52	5.90	5.90	5.99	6.68
营业收入（亿元）	547.68	823.68	1031.11	1158.86	1354.69	1544.25	1551.54	1442.81	1567.69	1804.41
净利润（亿元）	175.81	279.20	375.63	422.78	445.46	461.11	478.43	498.13	503.27	538.19
资产减值损失（亿元）	55.04	83.76	93.20	129.89	211.32	348.01	413.78	341.40	463.20	629.91
制造业贷款占比（%）	13.51	15.49	15.03	14.14	12.74	12.56	13.05	11.95	10.00	8.14
批零贷款占比（%）	5.87	7.86	8.89	9.22	8.27	8.87	8.98	7.91	6.07	5.09

续表

项目	2010 年	2011 年	2012 年	2013 年	2014 年	2015 年	2016 年	2017 年	2018 年	2019 年
采矿业贷款占比（%）	5.85	5.36	5.88	5.14	5.35	5.65	5.21	4.49	3.84	3.16
三行业贷款占比合计（%）	25.23	28.71	29.80	28.50	26.36	27.08	27.24	**24.35**	**19.91**	**16.39**

前面我们已经看到，民生银行在 2012 年仍然录得了 34.54% 的净利润增长，转折点出现在 2013 年，当年其净利润增速回落至 12.55%，上市以来首次跌破 20%。与之对应，2013 年资产减值损失同比增长 39.37%，达到 129.89 亿元（见表 9－6 中加灰部分），此后便一路攀升，至 2019 年已高达近 630 亿元。

其他股份行也出现了类似的情况，以 2013 年为分界线，资产减值损失逐步抬升，这就是近几年银行股业绩原地踏步最主要的原因。因为业绩停滞，导致其留存利润不足，核心一级资本充足率压在监管红线上方，所以总资产扩张也有心无力，规模增长对利润的贡献减弱。

民生银行贷款规模在制造业、零售与批发、采矿业这三大行业的比重从 2017 年开始明显压降，而其他股份行或早或晚也都开始了这一行动。我们来看中信银行的情况，见表 9－7。

表 9－7　2010—2019 年中信银行贷款分行业占比（%）

行业	2010 年	2011 年	2012 年	2013 年	2014 年	2015 年	2016 年	2017 年	2018 年	2019 年
制造业	20.6	21.0	21.4	21.3	17.6	16.4	13.4	10.1	8.2	6.4
批零	10.2	12.4	14.0	15.4	13.3	10.3	8.3	6.1	4.2	3.7
以上合计	30.8	33.4	35.4	36.7	**30.9**	**26.7**	**21.7**	**16.2**	**12.4**	**10.1**

注：中信银行未单独披露采矿业数据。

中信银行从 2014 年就开始行动，比民生银行早了 3 年。但中信银行压降前的比重高达 36.7%（这还不包括未披露的采矿业）。招商银行与中信银行类似，也是从 2014 年开始行动，见表 9－8。

表 9-8　2010—2019 年招商银行贷款分行业占比（%）

行业	2010 年	2011 年	2012 年	2013 年	2014 年	2015 年	2016 年	2017 年	2018 年	2019 年
制造业	17.71	18.77	19.16	17.68	14.33	11.77	9.12	7.46	7.18	5.83
批零	8.11	10.33	11.74	13.43	11.99	8.90	7.01	6.20	4.33	3.63
采矿业	2.01	2.25	2.87	2.95	2.58	2.06	1.52	1.21	0.95	0.87
以上合计	27.83	31.35	33.77	34.06	**28.90**	**22.73**	**17.65**	**14.87**	**12.46**	**10.33**

许多投资者用新不良生成率、新逾期贷款生成率来判断银行的不良贷款出清程度。这些数据有一定的参考价值，但在“时间换空间”的大前提下，你也会发现一些数据呈现“丰年补歉年”的情况。我认为，三大不良高发行业贷款的占比常常被忽略，但它恰恰是观察银行坏账出清程度的重要窗口。

关于银行股投资的相关内容，可以参看前作《读懂银行股》，此处限于篇幅不再继续展开。这里举银行股的例子，对没接触过银行股的投资者来说稍显复杂，不感兴趣的读者可以不用去深究。这个例子的主要目的是要说明，**投资的基本面研究是非常复杂的系统工程，用线性外推思维简单推导是远远不够的**。

代价不菲的一课

线性外推思维可能给投资者带来重大损失，千万别小看它。它给我上了一堂终生难忘的课，代价不菲（所以难忘）。还是那句话，要么钱换经验，要么经验换钱。能够用别人的经验来换钱是再划算不过了。我多么希望这堂课是来自别人的经验！

先来看看下面这张表。

表 9-9　某公司 2012—2017 年经营业绩

项目	2012 年	2013 年	2014 年	2015 年	2016 年	2017 年	复合增速
总资产（亿元）	3150.34	4083.67	6005.21	8665.46	14119.70	18702.60	
总资产增速（%）	—	29.63	47.05	44.30	62.94	32.46	42.79

续表

项目	2012 年	2013 年	2014 年	2015 年	2016 年	2017 年	复合增速
营业收入（亿元）	260.63	373.19	510.61	753.86	952.08	1280.70	
营收增速（%）	—	43.19	36.82	47.64	26.29	34.52	37.49
归母净利润（亿元）	58.92	86.60	106.56	144.82	196.13	219.93	
归母净利润增速（%）	—	46.98	23.05	35.90	35.43	12.13	30.14
ROE（%）	19.4	22.7	19.1	18.9	18.4	18.1	

注：ROE 采用 IPO 文件及财报中列示的数据，为加权平均净资产收益率。

你把这样一只成长股放在我面前，并告诉我它只有约 5 倍市盈率的估值，我眼睛都会放光。但如果你继续告诉我，这是一只金融股，那我兴奋的精神头恐怕已经被打消大半。**金融业两个可能的价值陷阱：一个是净资产折价，另一个则是线性外推思维**。

短短 5 年时间，总资产从 3150.34 亿元增长至 1.87 万亿元，复合增速 42.79%；营业收入从 260.63 亿元增长至 1280.70 亿元，复合增速 37.49%；净利润则从 58.92 亿元增长至 219.93 亿元，复合增速 30.14%，妥妥的一只成长股！2018 年初，如果有人预估它的业绩将会负增长，恐怕会被看作“疯子”。

规模在增长、收入在增长、净利润也在增长，除此之外成本管控也非常出色，成本收入比从 2012 年的 29.0% 逐步降低到 2017 年的 17.7%——各项主要指标都向着好的方向发展。

我正是在这样一个背景下，于 2018 年初以 3 港元出头的价格陆续买进，当时的估值只有 5 倍左右的静态市盈率。

我们再来看看接下来发生了什么（见表 9－10）。

表 9－10　2012—2019 年某公司经营业绩

项目	2012 年	2013 年	2014 年	2015 年	2016 年	2017 年	2018 年	2019 年
总资产（亿元）	3150.34	4083.67	6005.21	8665.46	14119.70	18702.60	17100.87	17050.12
总资产增速（%）	—	29.63	47.05	44.30	62.94	32.46	－8.56	－0.30
营业收入（亿元）	260.63	373.19	510.61	753.86	952.08	1280.70	1072.53	1126.57
营收增速（%）	—	43.19	36.82	47.64	26.29	34.52	－16.25	5.04

续表

项目	2012年	2013年	2014年	2015年	2016年	2017年	2018年	2019年
归母净利润（亿元）	58.92	86.60	106.56	144.82	196.13	219.93	15.76	14.24
归母净利润增速（%）	—	46.98	23.05	35.90	35.43	12.13	-92.83	-9.64
ROE（%）	19.4	22.7	19.1	18.9	18.4	18.1	1.3	1.2

注：ROE采用IPO文件及财报中列示的数据，为加权平均净资产收益率。

怎么回事，2018年的净利润突然就只剩一个零头了？让人一头雾水。这家上市公司就是中国华融。它的主营业务就是各类不良债权的清理，后来逐渐发展为金融集团，覆盖银行、证券等诸多金融业务。来看看我是怎么上这一课的。

2018年4月17日，中国华融原董事长赖小民被“双规”。中国华融复牌后下跌约12%，收盘2.8港元，而股价此前已经连跌了两个月。

此后陆陆续续爆出一些相关的新闻，股价则是“跌跌不休”，很快就来到2港元关口。仅仅是董事长的贪腐问题就导致股价腰斩，市值损失数百亿港元，会不会是市场反应过度了？

与线性外推类似的另一种思维——“经验主义”——此时开始在我大脑中捣乱了。2017年初某大型保险集团的副董事长兼总裁被有关部门带走调查，而公司经营未受影响；2015年初某大型股份行的行长被有关部门带走调查，同样公司经营未受影响；再往前数，2005年之前，某大型国有银行连续两届行长被“双规”，公司经营未受影响……在我之前的印象中，这类大型金融机构即便是高管出了贪腐问题，也不会对公司的经营产生重大影响。首先得益于相关监管部门，出问题也不会是很大的问题；其次是这类大型金融公司体量大，有点小磕小碰也承受得住。

这种毫无抵抗的不断下跌，是错杀吗？必然呀！于是在2港元多的平台上，我又加买了很多中国华融。直到公司发布2018年中期简报——我大清早看完简报后，开盘集合竞价就把它清仓了，价格是1.68港元。为什么这个时候认错呢？因为简报出来后，我们就能看到一些具体情况了（具体分析就不在这里展开了）。

给我造成重大实际亏损的投资，目前为止这是仅有的一笔。一年多以后再看，其股价距离我的清仓价再一次腰斩。于是我把这张 K 线图打印出来，贴在桌上显眼的位置，提醒自己小心线性外推思维。不久后因为新冠肺炎疫情的全球蔓延，石油跌价，而纽交所的原油期货居然跌穿了 0 元，收盘于 -37.63 美元/桶。这张 K 线图也被我贴在了显眼的位置，提醒自己任何小概率极端事件都有可能发生。

投资金融股尤其要小心

再重复一次，金融股可能存在的两个价值陷阱：一个是低市净率（资产折价）；另一个是线性外推思维。

前面的章节中我们已经讨论过，净资产折价和总资产折价是两回事，高杠杆率下的净资产折价对应的总资产折价并不多。前者是因为高杠杆成倍放大损失，一点点资产损失就能抹平折价，甚至让投资者血本无归。用时间换空间的做法虽不会有大惊吓，但业绩原地踏步，股价则可能缓缓阴跌，投资者输的更多的是时间。

后一个陷阱则是源于金融业的特性，也就是“**资产黑箱**”。金融业的特点就是旗下持有大量资产：不管是股权资产还是债权资产，外部投资者都没法穿透（摸清楚），很多时候甚至连管理层也未必了解这些资产的真实质量。

对于债权资产而言，当资产增速超过其付息利率时，坏账不容易暴露——这其实有点像旁氏金字塔。钱就像水，融合在一起后没法区分这一滴和那一滴，只要流入大于流出，总有办法延迟底层资产的坏账暴露时限。这就像“薛定谔的猫”，箱子里的猫究竟是死是活，投资者很难搞清楚。或许打破箱子的那一刻才能知晓，但届时很可能不再留有逃命机会。

港股某融资租赁行业的一家公司，放贷利率常年在8%以上，但上市后的数年间没有一笔坏账。一般而言高收益对应高风险，这个利率已经大幅高于银行贷款。究竟它是如何既能收获高收益，又能没坏账呢？既然客户（借贷者）信用度这么高，为何还要在它这里以8%利率借钱？**于我而言，想不明白这个问题，不去投资这家公司就好了**。**估值再低也不投，真正不懂不做，机会留给能看明白的人**。进一步研究发现，这家公司近几年的总资产增速都维持在20%以上，远高于放贷利率，或许等到总资产增速降低至10%以下，就得多留个心眼了。

不管什么金融公司，总资产从高增速踩刹车降至低增速，甚至无增速、负增速，都不可避免地会暴露一些风险——即便它之前并没有刻意隐瞒。总资产增速下降，意味着整体经营从扩张转为收缩。什么样的情况下它会选择扩张？当然是风险小收益大的时候（至少它自己这么认为）。而什么样的情况下它会选择收缩？它认为整体环境是收益小风险大的时候，又或者是有心无力的时候（留存利润不足以补充资本，不满足监管要求）。

弱化指标，聚焦长期竞争优势

既然线性外推思维有时并不靠谱，那投资者应该把关注点放在哪呢？答案很明显，当然是企业的长期竞争优势。

一部分投资者喜欢低市盈率或者低市净率的股票，这一类股票也常被称作价值股；另一部分投资者给予成长性更大权重，他们更喜欢高ROE、高成长性的股票，这一类股票也常被称为成长股。当然，也有人认为不应当区分价值和成长，凡是能赚钱的投资都是价值投资。

价值股也好，成长股也好，这其实是投资风格（偏好）的问题，就像甜豆浆与咸豆浆一样，并没有对错之分。**价值股投资者容易遇到两个问**

题：一是碰到伪价值或价值随时间逐渐流失（便宜往往没好货）；二是估值长期不修复，输了时间。**成长股投资者也容易遇到两个问题**：一是碰到降估值，如此便可能业绩连年增长，股价却“跌跌不休”；二是成长低于预期甚至伪成长。

不管你的投资风格如何，都必须重视一个问题：避免线性外推思维的干扰。一家连续多年获得高ROE回报的上市公司，在未来仍然能保持这么高的ROE回报吗？显然不一定，我们在前一节中已有举例。

许多投资者掉入这样一个思维陷阱：把重点放在市盈率、市净率、ROE这些指标上，而很少甚至不去研究它们背后的原因。这样就因果倒置了！这其实就是线性外推思维，因为你潜移默化地认为过去的高ROE能够延续，所以才会如此重视这些历史数字。

市盈率也好，ROE也罢，这类指标最大的帮助是初筛股票，建立备选股票池，缩小我们的研究范围。这一步完成后，我们应当把目光聚焦到公司的长期竞争优势上。

所谓长期竞争优势，可以理解为既宽又深的“护城河”，以及守卫并拓宽护城河的“骑士”（管理层）。关于此部分内容在前作《投资第一课》第五章“上市公司的质素”中有详细讲解，本书不再赘述。

第十章

成长性有哪三个关键要素?

本书第一章我们就讲了投资的灵魂三角——低估值、成长性、确定性。长期竞争优势更多解决的是投资中确定性的问题，而非成长性问题。长期竞争优势使企业在所处商业环境中的竞争格局更稳定，降低投资结果朝不利方向波动的可能性。强大的长期竞争优势，可以产生“结果必然如此”的伟大投资。虽然有长期竞争优势的公司更可能具备成长性，但光是前者并不必然推导出后者，最典型的例子就是“市场天花板”+“资本冗余陷阱”，这样的例子太多了。即便是品牌如此强大的可口可乐，在2010年至2019年近10年的时间，营收和净利润也均处于原地踏步甚至略有倒退的状态。

反过来看，有成长性的公司也并不一定具备长期竞争优势。比如在某些新兴行业的早期，市场容量急剧扩大以至于产品供不应求，此时行业内的厂商都可能具备成长性。

简言之，长期竞争优势与成长性之间既非充分也非必要条件，它们相互之间不能推导。那么，考察成长性时我们应当关注哪些要素呢?

成长性三要素

成长性是一个发散性很强的问题，不加控制就会变成漫无边际的闲聊。所以我们有必要先建立一个框架，最好是大多数成长性问题都可以往里套。

成长性最终指向净利润，因此我们要思考扩大净利润有哪些途径，并要求尽可能精简。**我们可以发现，扩大净利润最终都落到三个点上——量、价、费**。也就是说，要扩张净利润就是要在收入端卖出更多的产品数量，或者卖出更高的单价；另外在成本端，缩减成本毫无疑问也是净利润扩张的来源之一。

还有其他的要素吗？没有了。多元化发展等可以归入“量”，投资物业增值、金融资产浮盈等也可以归入“价”，而税收变化、政府补贴等可以归入“费”。在金融行业，总资产可以归入“量”，总资产收益率可以归入“价减费”。我想不出有什么成长性问题不能归入“量、价、费”了。

我们回顾前面章节关于喜诗糖果的例子：40 多年间喜诗糖果的销量（磅数）增加了一倍，算不上特别出色（量）。但它提价能力非常强，成长性主要来自于此，而且价格涨幅远高于成本增幅（价、费对比）。此外，因提价而带来的增长不需要太多的资本开支，每年赚取的利润在巴菲特管理下进行再分配，投入其他优质企业，这其实就是多元化（量）。

我们假设喜诗糖果的提价权并不强，那么它的成长性就会大打折扣，变成非常普通的投资标的。又假设喜诗糖果的资本再分配能力较差，同样会降低它的成长性。所以，像喜诗糖果这类销量增长普通但有强大提价权的企业，我们的关注重点就落在了提价动作以及留存利润分配上！如果提价失败（因提价导致量减），或多元化打水漂，那么投资者就得小心了。这会使你想起什么投资案例吗？

量增看什么？

所谓量，就是规模，成长性要求公司规模扩大，生产或销售数量更多的产品或服务。在“量”这个要素上考察上市公司的成长性，就是要看它的规模能不能扩大。我认为，相对于另两个成长性要素，依靠“量增”来成长的企业要更多一些。

我们可以建立一个坐标轴，由两个变量组成：y 轴是行业的成长性，x 轴是企业自身的市场占有率。**行业的成长性来源于两个部分，广度和深度**。对于 to C 的企业来说，一部分是消费群体的扩大（广度），另一部分是人均消费量的增长（深度）。而对于 to B 的企业来说，也可以看作使用范围的扩大和使用量的提升（如新型甜味剂的应用）。归根结底，行业的成长性来源于社会需求。2020 年投资界有个流行词叫“赛道牛”，其实就是指行业成长性。至于企业自身的市场占有率，则是一场排位赛，这与企业的长期竞争优势有关——优秀的企业能抢食更多的蛋糕（在整个行业的大蛋糕中）。

我们来看图 10 - 1 中的 7 家公司。A、B、C、D 分别位于四个象限中，A 和 B 所在象限的行业具备较高成长性，可以视作朝阳行业。C 和 D 所在

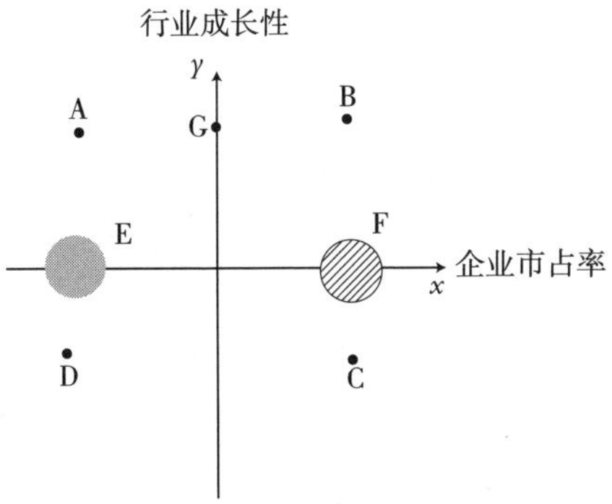

图 10－1 企业成长性示意

象限的行业整体开始萎缩，可以视作夕阳行业。此外，E 和 F 在 x 轴附近，x 轴附近可以看作成熟行业，此时行业整体市场空间缓慢增长或上下波动。而如果波动幅度较大，就属于周期股范畴了。

作为普通投资者来说，首先我们要把 D 企业排除。在一个市场不断萎缩的行业，一家市场占有率不断下降的企业，无论如何你也不想拥有它的股票。哪怕 D 的估值再便宜，它也是一台价值“粉碎机”。普通投资者没办法买入大量股权并夺取控制权，即便做得到，通过关闭业务来释放价值也是非常费劲的。在港股及一些境外市场，你能找到扣除负债后账面现金比市值还多的上市公司——这可能是一个机会，不过前提是它并非一台价值“粉碎机”。还记得我们前面讲过的非控制权折价吗？之所以给出如此低的估值，是因为市场预期大股东或管理层会不断把手中的现金消耗掉（投入越来越差的业务），然而小股东只能干瞪眼，拿不到什么回报。

夕阳行业也有“沙漠之花”，这非常考验投资者的眼光。像 C 这样市占率不断提升的，会不会是“沙漠之花”呢？不一定！在这里我们尤其要小心重资产的经营模式，以及现金流不佳的公司。夕阳行业最大的优势是，股票估值普遍偏低，如果能维持高派息率，就很诱人了（缓慢增长或零增长的行业也是如此）。**比较好的投资机会是：低残估值（“地板价”可能出现在周期低谷时）+尽可能少的有息负债+高派息率**。2015 年 8 月至

2016年2月，港股首钢资源（焦煤开采）曾较长时间徘徊在0.5~0.6港元（复权前），而其2015年9月每股分红0.16港元，2016—2019年每股分别派息0.2港元、0.06港元、0.218港元、0.17港元（按当年派发统计），如果2015年8月以0.6港元左右的价格买入，三年多一点的时间已能靠分红回本（经历4次派息）。类似的案例还有H股的晨鸣纸业、A股的方大特钢，等等。当然，这都是通过“后视镜”的看法，难点在于对周期和估值的判断，而上市公司是否愿意大比例派息也不受小股东掌控（需要参考历史数据并跟投资者关系部保持沟通），感兴趣的读者可以去复盘它们的K线图。

****

我们再来看A和B。它们的共同特点是处于一个不断成长的行业（朝阳行业）。大多数情况下，行业的成长性越强，行业中股票的估值也普遍越高。随着时间推移，当整个行业的成长性下降，从成长期步入成熟期以后，行业内的股票估值也会随之下移。成长性下降必然会发生，唯一的问题是什么时候发生。任何行业的增速都不可能永续地大于整体经济增速，否则迟早有一天它会占满整个经济体。

在某些朝阳行业的早期，很可能大多数企业都是A。也就是说行业高速成长，但行业中的大多数企业市场占有率都是降低的。这说明该行业的进入门槛低，高资本回报率吸引了越来越多的外来竞争者加入。随着行业的规范、成熟和发展，如果行业集中度能够上升，必然会出现B这类明星企业。如果B能够长期扩大市场占有率，说明其具备长期竞争优势，加上B还处在朝阳行业，这简直是绝佳的成长股。遗憾的是，B的估值往往偏高，缺乏安全边际，让人下不了手。

此外，是否存在行业集中度不上升的情况呢？有以下两种情况：情况一，如果一个行业的集中度自始至终不提升，说明这个行业内的经营个体不管经营好坏，都不用担心丢掉自己的市场份额，但这也意味着很难去夺取其他经营个体（甚至都算不上竞争对手）的市场份额。如此看来，这个行业必然不是自然竞争市场，很可能是行政垄断市场，也就是公用事业①。行政垄断意味着企业自身无法控制售价，所以成长性更多来自“量”和“费”，这两个要素是投资者关注的重点。情况二，某些行业在成熟期后，当集中度达到某一水平后，会保持较为稳定的状态。主要表现为竞争格局已经稳定，竞争者之间势均力敌，又或者继续扩大规模将遭遇“规模不经济”。

****

我们再来看位于 A、B 之间的 G。在一个成长的朝阳行业，能够保持住自己的市场占有率，那么 G 的成长性就等同于行业的成长性了。对比之下，B 的市场占有率是提升的，所以它的增长率会超过行业增长率。这是一道小学算术题，很容易理解。那么，为什么会出现 G 和 B 的差别呢，仅仅是因为长期竞争优势的大小不同吗？大多数情况确实如此，但我们还须考虑资本回报率和留存利润复投的问题。

图中的 A、B、G 拥有相同的行业成长性，我们假定它们处于同一个行业。一段时期内 B 的市场占有率提升速度快于 A 和 G，那么 B 的长期竞争优势也会更大吗？不一定。如果 A、B、G 的资本回报率小于它们的成长性，而成长主要来自“量增”的话，那么 A、B、G 就会面临一个问题——它们的资本增速跟不上成长速度（ROE < 增长速度）。这时，有渠道进行大量融资的企业，就会占据优势地位。此时，对于老股东而言，能以较高估值进行股权再融资，或者以较低利率、较高杠杆进行债权融资，都是有好处的。需要注意的是，这种优势属于资本优势，而非产品优

① 即便是公用事业行业，大多也是集中度不断提升的。首先是收并购的动作会提升集中度；其次是行业成长期也会有强者站出来吃掉更多的增量份额。

势——消费者才不会顾及你的借款利率是高是低，他们在意的是产品（或服务）本身的质量。在行业高速成长期，完全有可能是成长性稍低的 G 拥有产品优势，而 B 只是拥有资本优势而已——这需要投资者认真辨别。

当行业进入成熟期以后，行业整体成长性下降，行业内企业会落在 x 轴附近，这时资本优势会变成次要因素，因为行业整体需求开始饱和，不再需要那么多资本投入。假设前期的 G 拥有产品优势，可能会转化为 F；假设前期更高增速的 B 主要依靠资本优势，也可能在此时变为 E。

****

到这里你会发现一个巨大的金矿：F！

在高速成长的朝阳行业，投资痛点就是股票高估值以及潜在的降估值风险。朝阳行业总是炙手可热，给予市场太多的想象空间。朝阳行业新进资本多，竞争格局不稳定，也没有太长的、可追溯的经营历史。对于投资者而言，要挑选出未来赢家，是一道跨越“3 英尺栏”的难题。你以为找到的是 B，说不定它其实是 A；又或者你确实找到了 B，但随着竞争格局变化它在未来变成了 A。

但成熟期的缓慢增长行业，或一些缓慢缩降的夕阳行业，却有“金矿”。更关键的是，这些“金矿”还比较容易挖掘。首先，行业中股票的估值普遍较低；其次，经过长期竞争，投资者很容易挑选出赢家；最后，由于行业整体只有这么大一块饼，优质企业市占率提升的同时，落后企业也逐步被扫地出门（竞争减弱），甚至形成自然型的寡头垄断，而这有可能（但不一定）提高优质企业的利润率。比较典型的是房地产行业，从 2016 年开始 Top 50 的增速远快于行业平均增速，市场占有率快速提升，从 2016 年的 35% 左右提升至 2019 年的 55% 左右。

总之，研究股票的成长性就是考察行业的成长性 + 企业自身的市场占有率。这两者都依赖于历史统计数据，难免使投资者陷入“线性外推思维”。数据之外，投资者仍须回归企业的长期竞争优势，体现在“更低的获取成本”“更高的品质”“差异化体验”这三点上。为避免与前作《投资第一课》内容重合，本书中关于长期竞争优势的篇幅较少，但并不代表它不重要。

价、费看什么?

多数成长股将“量增”作为主要成长动力，量增可以让企业不断实现数量级跨越。从 1 万人使用到 1 亿人使用，此过程跨越四个数量级，万倍增长。量增最大的“天花板”是人口总数，即便像可口可乐这样成长了 100 多年的强大企业，当它的版图扩张到全世界绝大多数国家和地区以后，也要触碰“天花板”。

从长期看，因为通胀的原因，“价增”是没有“天花板”的；但从短期看，提价需要谨慎且幅度不能太大。“价增”受制于经济学上的供求曲线，即价格上涨会降低需求，这使“价增”的效果在一定程度上被“量减”抵销。贸然提价相当于把一部分市场份额主动让给竞争对手——除非企业拥有强大的品牌专营垄断，或者全行业的成本上升。

前面的章节我们已经讨论过“品牌专营垄断”。强大的品牌拥有“提价权”，可以抵御通胀，增加利润时不需要太多的资本开支。在“价增”方面，能将通胀压力传导给下游算是合格；如果提价幅度大于通胀且大于成本涨幅，那就更好了。

一些企业以成本加成的模式定价，如果全行业成本升高，固定利润率下的利润总额自然也得以提升（基数增大）。例如中国联塑就是采用成本加成定价，当上游材料涨价时它的产品也涨价，反之类同，它总是努力保持一个固定的利润率。许多投资者认为这是没有提价权的表现，其实这只是它的战略选择而已。中国联塑的主要产品是 PVC 管道（建材），是一个 to B 的产业。该产品单位重量的价值量低，因此它的运输成本占比高。中国联塑在全国 30 多个省、自治区、直辖市均建立了生产基地，就近满足市场需求。任何一个小区域有新的竞争者加入，都会导致局部供过于求，大家都没饭吃。中国联塑卓有成效的成本控制，是阻挡新竞争者的一道屏障，因此它选择保持合理的利润率，将售价压制在竞争对手的成本价附近，不给外来竞争者留价格空隙。

****

至于“费减”，对产品利润率低、ROE 低的企业帮助更大，这有点困境反转的味道。比如利润率从 2% 提高到 3%，就获得了 50% 的增长率（量不变的情况下，下同）；但利润率从 50% 提高到 51%，仅仅能获得 2% 的增长率。所以，“费减”是困境反转股的重要机会。

“费减”对成长性的贡献，是一次性的。另外，我们都知道，成本不可能无限制地缩减，总会有尽头。在竞争行业，全行业性质的“费减”对单个企业的帮助有限，很大一部分利润空间会随着竞争对手的降价（迫使你也降价）而让渡给下游。“费”这个因素确实对成长性有贡献，但它更多地体现在长期竞争优势中。成本优势是竞争优势中非常重要的一环。还记得吗？“更低的获取成本”“更高的品质”“差异化体验”，这三条构成了企业的长期竞争优势。

另外，投资者应该留意规模优势对缩减成本的巨大帮助。固定成本占比较大的行业，规模优势往往可以帮助削减成本，因为有更多的“量”来分摊固定成本，所以单位“量”所分摊到的固定成本就降低了。也就是说，这种情况下，“量增”的同时会“费减”，使净利润增速更快！在后面的案例中，我们还将对此进行具体分析。

最后，不管是价还是费，都需要分摊到单位产品上再来比较，金融行业则需要除以总资产（也是分摊），这样才有比较的意义。同一行业中，许多企业之间的数据口径可能不同，需要认真甄别！比如服装行业，经销商销售和自营销售之间，单价差别是非常大的；还有返利政策，是返现金还是返货，都是有差别的。

量、价、费的案例

成长性三要素中，“量”主要是观测市场的容量潜力（蛋糕有多大），以及企业未来能占多少份额（有多大能力，能分到多少）。这既与行业的发展阶段有关系，也与企业的长期竞争优势有关系。

但“价”和“费”这两个要素，则更多地与盈利模式相关。具体到行业或企业个体来说，不能单独去看“价”或“费”，必须用更系统的眼光去看。在技术进步比较快的领域，比如电子设备，价格总趋势是下降的，因为成本下降很快，所以这个行业科研能力很重要，“费”也比“价”更重要。食品饮料相关的行业，则更看重品牌溢价能力，“价”比“费”更重要。

事实上，我们可以将成长性量化到“量、价、费”三要素中，再进行观察。当然，前提是财报中给了足够多的数据，特别是“量”这个数据，在许多公司的财报里会缺失——因为它不是必须披露的项目，而且很多时候还会和广告宣传冲突（广告往往会夸大，不要相信广告中描述的“量”）。具体的分析方法很简单，就是**用替代法，把今年的量、价、费分别代入去年的财报中，看看得到的净利润增速分别是多少，就能看出三要素对成长性的贡献程度了**。

****

《投资第一课》第六章第一节中列举了中国移动的案例，当时的数据是截止到2014年。我们先复盘当时的情况，再看看接下来的5年又发生了什么。

表 10－1　1998—2014 年中国移动经营状况

年份	营业收入（百万元）	净利润（百万元）	用户数（万户）	人均月消费（元）
1998	26345	6900	1553	366
1999	38623	4797	2574	299
2000	64984	18027	4513	221
2001	100331	28015	9057	141
2002	128561	32742	11768	115
2003	158604	35556	14162	102
2004	192381	42004	20429	92
2005	243041	53549	24665	90
2006	295358	66026	30123	90
2007	356959	87062	36934	89
2008	412343	112793	45725	83
2009	452103	115166	52228	77
2010	485231	119640	58400	73
2011	527999	125870	64960	71
2012	560413	129274	71030	68
2013	630177	121692	76720	67
2014	641448	109279	80660	61

注：1999 年 2 月中国移动从中国电信中分拆出来，1998 年数据为分拆前移动部分的数据。

我们看到，中国移动的人均月消费从 1998 年的 366 元降低至 2014 年的 61 元，这主要是“价减”造成的。早期移动的业务以通话为主，后期加入了短信、数据、宽带等业务。单就通话来看，1998 年的人均月通话时长是 393 分钟，而 2014 年则为 453 分钟。月均通话时长没有降低，业务范围还有所扩大，但人均月消费降低了八成还多，足见“价减”的分量很重。

2008 年及之前，因为“量增”对成长性提供了很强的支撑，所以，虽然价格不断下降，中国移动仍然获得了不错的成长性。加上用户数量的激增，摊低了移动基站等固定资产投资的单位成本，这是“费减”对成长性的贡献。总体而言，“量增”和“费减”给成长性提供了正面贡献，而

“价减”则提供了负面的贡献。1999—2008 年，中国移动的用户数量增加了 16.76 倍，营业收入增加了 9.68 倍，而净利润增加了 22.51 倍！净利润增速大于用户数量增速，也大于营业收入增速，可见“费减”对成长性的正面贡献超过了“价减”的负面拖累。

10 年 22 倍，是非常不错的成长业绩。但是站在 2008 年的时点，如果投资者继续用线性外推思维来看问题，而没有考虑用户数量“天花板”，那就极可能得出错误结论。这又让我想起那句话，“树不可能长到天上去”。当用户数量增速放缓以后，“费减”的效应也将被极大削弱，因为用户对固定成本的分摊作用被削弱了！用户数量增速放缓会直接影响“量”“费”两个成长性要素。而至于“价”，在国家通信行业提速降费的惠民政策前提下，只可能降，不可能升。

所以在这个案例中，“量”始终是成长性三要素（量、价、费）中最重要的那一个。回忆一下前面的案例：喜诗糖果、片仔癀最重要的要素是“价”，贵州茅台则是“量”“价”齐升。

你还能想到哪些成长股的案例，它们最重要的要素又是什么？

我们再来看看中国移动后续 5 年的情况，见表 10 - 2。

表 10 - 2 2014—2019 年中国移动经营数据

项目	2014 年（重述）	2015 年	2016 年	2017 年	2018 年	2019 年
营业收入（百万元）	651509	668335	708421	740514	736819	745917
净利润（百万元）	109343	108655	108839	114414	117951	106791
移动通信用户数（万户）	80663	82624	84890	88700	92500	95000
移动通信人均月消费（元）	59	56.3	57.5	57.7	53.1	49.1

注：2015 年中国铁通并入中国移动，根据 2014 年重述数据计算，当年铁通业务中营收约占老移动的 1.57%，净利润约占 0.06%。

如表 10 - 2 所示，2015—2019 年中国移动的用户数继续保持小幅增长，但净利润保持原地踏步状态，其中 2018 年、2019 年人均月消费额下降较快。我们回顾 2008 年，中国移动的净利润已经达到 1127.93 亿元，比

2019 年还略多——10 余年间净利润处于原地踏步状态。

此处中国移动的案例中，影响它成长性最重要的两个要素是“量”和“价”。当“量增”放缓以后，“价减”的负面效果就占据了上风——它把“量增”的正面贡献都抵销了。在公用事业性质的行业里，投资者要特别注意调价机制。在《投资第一课》第六章第三节“垄断企业的爱与恨”中，我们还举了一个电视信号提供商的案例。在案例中，因为公司 2003—2013 年 11 年间的收费标准都没有变化，但各项成本却逐年提高，导致营业利润率从 50% 左右降低至 6% ~9% 水平。就目前的政策来看，城市燃气的终端价格可随上游气价进行调节，配气毛差较为稳定；但初装费的政策面临不确定性，一些大城市已经取消了这项收费。垃圾发电行业的垃圾处理费也大多能做到每年一审，挂钩 CPI（消费者物价指数）；但其上网电价补贴这一块则面临不确定性。

****

我跟一起研究投资的朋友说，对于不增长的股票，港股市场常常按股息率给出估值，而不看市盈率。**不增长说明留存利润不能发挥效用；又或者原资产的获利能力在“失血”，需要留存利润来填坑**。不能实现增长的情况下，利润的留存部分对不具备控制权的投资者来说意义不大，只有分红到手的利润（现金）才有意义。

留存利润不能发挥效用的常见情况有两种：一种是留存利润找不到出路，以现金的形式大量堆积在资产端，也就是我们前面说过的资本冗余；另一种则是留存利润的质量不佳，不能对利润增长形成有效帮助，它们以应收账款、存货、固定资产、在建工程等形式堆积在资产端。投资者要特别小心企业花大代价去举债修建总部大楼，曾经某服装类上市公司就因此而濒临破产。

此外，强大的竞争对手出现、替代品（品质更好、价格更低）出现、市场整体供过于求等原因，也会造成企业原有资产的获利能力下降，需要留存利润来填坑。也就是说，留存利润（主要用于扩大规模）对盈利的正面贡献，被原有资产获利能力下降抵消了。

****

我们来看看莎莎国际的案例。莎莎国际是一家主要门店位于香港的化妆品零售商，一家门店可代理数百个化妆品品牌。得益于优秀的成本控制和香港的免税政策，莎莎国际发展迅猛，营业收入由2001财年的13.54亿港元增长至2014财年的87.56亿港元，同期净利润由0.75亿港元增长至9.35亿港元。更难能可贵的是，莎莎国际一直维持较高的派息比例（2006—2009年的派息率均超过100%）。也就是说，投资者可以获得成长性+高派息的双重回报。它的成长性只需要很少的资本开支，因此不需要保留什么利润，企业可以尽情派息。

莎莎国际曾经让我想起了巴菲特的经典案例——B夫人的内布拉斯加家具城。与之类似，莎莎国际也是零售商，零售商必须想尽办法缩减成本并让利给客户，以量补价，才能获取成长性。成本低是竞争优势，多数情况下缩减的成本都会让利给客户，所以它的长期竞争优势则来自“费”，而成长性主要靠“量”。

我们来看看近10年莎莎国际的主要经营情况，如表10－3所示。

表10－3　2011—2020财年莎莎国际主要经营指标

项目	2011年	2012年	2013年	2014年	2015年	2016年	2017年	2018年	2019年	2020年
营业收入（亿港元）	49.01	64.05	76.70	87.56	89.93	78.46	77.46	82.31	83.89	59.71
营收增速（%）	—	30.69	19.75	14.16	2.71	－12.75	－1.27	6.26	1.92	－28.82
净利润（亿港元）	5.09	6.90	8.26	9.35	8.39	3.83	3.27	4.40	4.71	－5.93
净利润增速（%）	—	35.56	19.71	13.20	－10.27	－54.35	－14.62	34.56	7.05	－225.90
门店数量（家）	205	249	260	280	287	291	288	265	274	235

续表

项目	2011年	2012年	2013年	2014年	2015年	2016年	2017年	2018年	2019年	2020年
单店营收（万港元）	2390.73	2572.29	2950.00	3127.14	3133.45	2696.22	2689.58	3106.04	3061.68	2540.85
毛利率（%）	45.1	45.2	46.4	46.5	44.9	42.6	41.7	42.1	40.8	36.9
净利率（%）	10.4	10.8	10.8	10.7	9.3	4.9	4.2	5.3	5.6	-8.6
股本回报率（%）（ROE）	37.6	42.3	41.8	40.2	33.9	16.8	14.7	17.7	18.9	-31.0
每股收益（港元）	0.182	0.246	0.293	0.33	0.295	0.134	0.112	0.154	0.154	-0.154
每股派息（港元）	0.14	0.175	0.21	0.235	0.235	0.235	0.17	0.175	0.16	0
派息率（%）	76.92	71.14	71.67	71.21	79.66	175.37	151.79	113.64	103.90	—

注：莎莎国际的财报周期是上年4月1日至当年的3月31日，例如表中的2011年指的是2010年4月1日至2011年3月31日。

这里又出现了一个关于“线性外推思维”的案例。站在2014年的时间节点，拿着前面10多年的数据，许多投资者难免被线性外推思维影响——如此则可能被套在相对高估值+业绩高点（具体可翻阅其K线图）。我们看到，2011—2014年，莎莎国际的ROE都保持在40%左右，再加上高成长性，再加上高派息率，再加上连年上涨的股价，再联想到巴菲特的经典案例……你还能要求什么呢？影响投资决策的因素恐怕只剩下估值了。那么问题来了，在2014年的时间节点，18倍左右市盈率的估值，你会如何决策？

2014年开始，莎莎国际的营业收入增速明显放缓（下半年甚至是倒退的），成长性中“量”的要素被打破，净利润则出现了负增长。门店数量的高峰发生在2016年3月底，为291家，此后便趋势性下降，至2020年3月底已经降至235家（2019财年受特殊事件影响）。①

① 财报公布的是每年3月31日（财年末节点）门店的数量，但最大门店数量可能发生在年中的任意时刻，这部分信息未披露。

既然转折点发生在2014年，那么2014年到底发生了什么？我们从“后视镜”的角度来搜集资料，会发现一条重要的信息：三亚海棠湾国际免税城于2014年9月1日正式开门营业，总建筑面积约12万平方米，商业面积达7.2万平方米，是全球规模最大的单体免税店！

三十年河东，三十年河西！这又引出了另一只大牛股——中国国旅（后改名中国中免）！如果你感兴趣，可以去复盘它的业绩情况和K线图。如果你把两者的业绩和K线图作对比，相信会有一番感慨。

第十一章

摸着石头找赛道

上一章我们了解到，赛道是成长性的重要来源：第一来自随行业整体成长（市场需求，长长的坡），第二源于企业自身市场占有率提高（企业在赛道中的相对竞争优势）。如果这两点都不能提供增长点，那就只能依赖多元化了（跨赛道）。

那么，如何寻找一个好赛道呢？拍拍脑袋，科技前沿就一定是好赛道吗？如果热衷于追逐市场热点，投资会不会变成“炒概念”？

本章我们一起摸着石头过河，来看看两个具体赛道的案例。

翻石头：什么是最重要的成长性指标？

在上市公司集中披露年报和中报之后，也就是每年的5月和9月，非常适合大规模地“翻石头”。最重要的筛选指标是“PE + PB 结合 ROE”①，它可以初步筛选出物美价廉的投资标的。不过遗憾的是，用它并不能筛选出成长股。

对成长股进行初筛比较麻烦，许多投资者喜欢用“高 ROE”等指标，但我的方法比较简单粗暴，就是一家一家“翻石头”。最重要的指标有两个，首先是近5年营业收入增速，其次是近5年净利润增速。我不会设置类似“近5年营业收入 > 15%”这种条件，因为它容易把某一两年遇到短期困境的成长股漏掉。我就是老老实实地从财经网站（主要是雪球网）上，点开一家一家的上市公司，直接看历年营收和净利润数据。许多财经网站会把增速也列在下面，但翻多了石头之后，你会变得非常熟练，瞟一眼就能了解大致情况。**两个常用的数字可以记住，3 年翻倍** 26%（复合增速，后同），**5 年翻倍** 15%。这是因为1.26的3次方是2.000376，而1.15

① 详见《投资第一课》第四章“千挑万选”。

的 5 次方是 2.0113571875。

比如，某上市公司 2019 年营收是 100 亿元，往前跳三格是 2016 年，如果当时的营收是 50 亿元，那么它的营收复合增速（近 3 年）就是 26%；如果当时的营收是 45 亿元，低于 50 亿元（100 ÷ 45 ≈ 2.22，不止翻倍），这说明它的营收复合增速（近 3 年）超过了 26%。

假设往前跳三格，达不到翻倍的标准，那么我们就跳五格。如果此时恰好达到翻倍标准，则说明它的营收复合增速（近 5 年）就是 15%。同理，如果 5 年翻倍了还多一点，就是 15% 以上，少一点就是 15% 以下，便捷易用。

若要看 10 年情况，也很容易心算，无非 3 年滚动或 5 年滚动就行。

熟练以后，只需要几秒钟就可以初筛一家。需要注意的是，**过往的经营记录只能是在初筛时使用，帮助我们缩小研究范围**——投资还不至于简单到只需要统计几个数据再看看估值就行。还记得前面章节中我们讨论过的“线性外推思维”吗？为了避免“翻车”，我们还有很多工作要做。

集体成长与行业赛道

如果同行业许多上市公司都呈现高成长的状态，很明显，这个行业本身就不错（当前阶段），是处在成长阶段的好赛道。下面的两个例子记录了我寻找赛道的经历，不保证都正确，不保证无遗漏，更不构成投资建议，但希望能对读者有所启发。

2019 年 4 月左右，我对港股通进行了一轮成长股初筛。当时港股比 A 股更低估，港股通标的约五六百只，初筛通过后的标的都放入股票池（加关注），花费时间不会很长，大约两个晚上就行了。在经过初筛后，我发现几只垃圾发电行业的上市公司，都呈现较好的成长性。下面列举的是 3 只港股通标的。

表 11－1　2009—2018 年中国光大国际业绩

项目	2009 年	2010 年	2011 年	2012 年	2013 年	2014 年	2015 年	2016 年	2017 年	2018 年	复合增速
营业收入（亿元）	17.66	29.29	36.65	34.84	53.20	63.55	85.28	139.71	200.43	272.28	
增速（%）	—	65.86	25.13	-4.94	52.70	19.45	34.19	63.83	43.46	35.85	35.52
净利润（亿元）	3.72	6.16	8.01	11.23	13.25	17.03	20.85	27.85	35.10	43.19	
增速（%）	—	65.59	30.03	40.20	17.99	28.53	22.43	33.57	26.03	23.05	31.32

表 11－2　2014—2018 年粤丰环保业绩

项目	2014 年	2015 年	2016 年	2017 年	2018 年	复合增速
营业收入（亿元）	7.94	11.85	16.54	23.98	33.26	
增速（%）	—	49.24	39.58	44.98	38.70	43.06
净利润（亿元）	1.91	2.72	4.00	5.64	7.54	
增速（%）	—	42.41	47.06	41.00	33.69	40.96

表 11－3　2015—2018 年绿色动力环保①业绩

项目	2015 年	2016 年	2017 年	2018 年	复合增速
营业收入（亿元）	5.18	6.64	7.85	11.40	
增速（%）	—	28.19	18.22	45.22	30.07
净利润（亿元）	1.51	2.31	2.06	3.66	
增速（%）	—	52.98	-10.82	77.67	34.33

三者的营收和净利润复合增速都超过 30%。除此之外，还有 A 股的伟明环保、上海环境等同行业上市公司，我们用上面介绍的心算方法，粗瞟一眼，发现它们多处于高速成长状态，这说明这个行业本身就是一个处于高成长中的好赛道。

在绿色动力 A 股 2018 年（当时最新）的年报中，我发现以下内容：

随着我国人口稳步增长、城镇化持续推进和经济的发展，我国生活垃圾产生量持续增加，处理需求日益旺盛。2004—2017 年，我国城市生

① 绿色动力环保因为 A 股上市的要求，更改了会计准则，并对历史数据进行了追溯调整。此处采用的是调整后的数据。

活垃圾清运量从15,509万吨增长到21,521万吨，复合增长率为2.55%（数据来源：《中国统计年鉴》）。垃圾无害化处理主要分为焚烧、填埋、堆肥三种方式。焚烧具有减量效果明显、占地面积小、对环境影响相对较小等优点，是增长最快的细分领域。2004—2017年，我国城市生活垃圾焚烧厂从54座增加到286座，增长了4.3倍。日处理能力从1.69万吨增长到29.81万吨，**复合增长率达**24.7%，年实际处理量从449.0万吨增长到8,463.3万吨，**复合增长率达**25.34%。相较于发达国家，我国的垃圾焚烧处理占比仍相对较低，截至2017年大约为40%。国家"十三五"规划提出，全国城镇生活垃圾焚烧处理能力占生活垃圾无害化处理能力的比例应由2015年的31%，提高到2020年的50%以上，其中东部地区达到60%以上，直辖市、五个计划单列市、省会城市要努力实现原生垃圾零填埋。

上面这段文字中，最重要的信息是2004—2017年实际处理能力的复合增长率是25.34%——这个增速非常接近26%，也就是10年10倍（1.26的10次方约为10.086）。另外，国家"十三五"规划要将全国城镇生活垃圾焚烧处理能力占生活垃圾无害化处理能力的比例由31%提高到50%。按此预估，在2020年前整个行业还有较高增速。

为了更加确切地了解行业成长情况，我们再到中国统计局网站上寻找行业数据，见表11－4。

表11－4　2009—2018年中国垃圾处理相关指标

序号	项目	2018年	2017年	2016年	2015年	2014年	2013年	2012年	2011年	2010年	2009年
1	生活垃圾清运量（万吨）	22801.8	21520.9	20362.0	19141.9	17860.2	17238.6	17080.9	16395.3	15804.8	15733.7
2	垃圾年增幅（%）	5.95	5.69	6.37	7.18	3.61	0.92	4.18	3.74	0.45	1.92
3	生活垃圾无害化处理能力（吨/日）	766195	679889	621351	576894	533455	492300	446268	409119	387607	356130
4	无害化处理能力增速（焚烧+填埋）（%）	12.69	9.42	7.71	8.14	8.36	10.31	9.08	5.55	8.84	13.00

续表

序号	项目	2018年	2017年	2016年	2015年	2014年	2013年	2012年	2011年	2010年	2009年
5	其中：生活垃圾焚烧无害化处理能力（吨/日）	364595	298062	255850	219080	185957	158488	122649	94114	84940	71253
6	垃圾焚烧处理能力增速（%）	22.32	16.50	16.78	17.81	17.33	29.22	30.32	10.80	19.21	38.07
7	生活垃圾无害化处理量（万吨）	22565.4	21034.2	19673.8	18013.0	16393.7	15394.0	14489.5	13089.6	12317.8	11232.3
8	生活垃圾焚烧无害化处理量（万吨）	10184.9	8463.3	7378.4	6175.5	5329.9	4633.7	3584.1	2599.3	2316.7	2022.0
9	垃圾焚烧处理量增速（%）	20.34	14.70	19.48	15.87	15.02	29.28	37.89	12.20	14.57	28.81
10	垃圾焚烧占比（%）	45.14	40.24	37.50	34.28	32.51	30.10	24.74	19.86	18.81	18.00
11	生活垃圾无害化处理率（%）	99.0	97.7	96.6	94.1	91.8	89.3	84.8	79.7	77.9	71.4

资料来源：国家统计局网站。

表11－4中加灰底的指标，是根据国家统计局数据计算出的增速或占比，其余均为国家统计局的原始数据。由上表序号（1）行数据可以看出，生活垃圾清运量（垃圾总量）一直在增长，近5年平均复合增速在5%左右，这主要是因为人民物质生活水平提高——消费的物品多了，垃圾量自然也就多了；另外，跟人口数量也有关，我国的整体人口增速并不快，但城市化进程下的城市人口增速可观。再看序号（11）行数据，它是垃圾总量中无害化处理的比例，这项比重从2009年的71.4%提高到2018年的99%，继续提高的空间不大了。垃圾无害化处理分为垃圾填埋、垃圾焚烧、堆肥三种方式，其中堆肥方式的占比很小，可以忽略。由序号（10）行数据可以看出，垃圾焚烧在无害化处理中的占比逐年提高，由2009年的18.00%提高到2018年的45.14%。前面我们看到绿色动力A股财报中描述的国家“十三五”规划，截至2020年该比例要提高到50%，大概率会提前实现。

由上总结，整个垃圾焚烧行业的成长性主要来自两块，一块是垃圾总量的增长，另一块是垃圾焚烧在无害化处理中的比例提高。虽然许多垃圾焚烧行业的上市公司保持多年高增长，但树不会长到天上去。当垃圾焚烧在无害化处理中的比例提高到 60% 或者 70% 之后，行业增速会明显放缓。增速放缓的节点是 60% 还是 70%，差别并不大——按目前的成长速度也就是先后一两年的事。从 2019 年开始算，预估整个行业还有四至五年的高速成长期。

比较遗憾，前面 10 多年的高速成长期我们已经错过。好消息是，2015 年中国光大国际[①]、绿色动力环保等许多股票的股价触顶，这几年都处于降估值之路——业绩连年增长，股价不涨甚至下跌。

在 2019 年 5 月的时间节点，许多业内个股都是 10 多倍 PE 的估值水平，进入狩猎区——可以提前埋伏了（进行更深的研究）！

找准突破口快速切入

对于一个完全陌生的行业，投资者要想快速突破，首先是要寻找招股说明书（近期已上市或待上市公司发布的）。一份招股说明书往往有大几百页，内容非常丰富。与行业相关的重要内容，一个是“风险因素”这一节（所有招股说明书都有），里面罗列了各种风险情况，很全面；另一个是“发行人所处行业基本状况”（或类似名目），它会详细介绍行业的监管、法律法规、产业政策、市场供求状况、行业特点、进入壁垒等内容，甚至有行业主要竞争对手概况。巴菲特做投资，有公司 CEO 给他耐心讲解盈利模式，而普通投资者没有这种条件，**招股说明书对普通人来说，就是挖宝的好去处！**

其次是券商长篇研报。30 页左右甚至更长篇幅的券商研报，才有研读

① 2020 年 9 月 16 日股票名称改为“光大环境”。

价值。通常券商首次关注和研究时，会有较长篇幅的研报，需要我们**重点关注的是其中对行业的解析，行业内各企业横向和纵向对比数据等，这可以节约投资者很多时间**。需要注意的是，这些研报带有券商自身的立场，多数时候报喜不报忧，所以我们必须辩证去看。**对于盈利预测或估值建议等，不需要特别关注**。许多上市公司会提供当年或次年（临近年尾时）的“业绩指引”给研究机构，所以许多券商研报中最新一期的业绩预估，是根据上市公司提供的业绩指引来填写的——这是管理层对业绩的预估或自己设定的目标，至于靠不靠谱，就需要你自行判断了。普通投资者也可以通过公司业绩发布会（特别是线上）、投资者关系部、路演、其他投资者（比如微信群）等渠道，来获取这一类的信息。

多看几份招股说明书和长篇券商研报，投资者可以对行业盈利模式及竞争格局有一个初步了解。

最后是上市公司股票增发时的方案，以及债券的募集说明书。增发方案比招股说明书简单些，但近期的增发方案会描述一些新情况，时效性更好。至于债券募集说明书，常被很多投资者忽略，但它是非常重要的补充。一份债券说明书也有五六百页篇幅，常常比招股说明书更详细。一般来说，招股说明书是由上市公司及辅导券商共同编写的，上市公司非常重视（毕竟涉及能不能成功 IPO），所以许多敏感数据不会出现在招股说明书里。但债券说明书不一样，它大部分由券商或银行的债券承销部门编写。由于债券发行没那么严格，所以上市公司干预少，**在这里投资者能挖出许多敏感数据**。上市公司每次发行新一期的债券，都会有债券募集说明书，所以它的时效性也远超招股说明书。长期债券的募集说明书会刊发在上海证券交易所或深圳证券交易所网站，容易被忽略的是中短期债券（或票据）的募集说明书，它会刊发在上海清算所网站。

垃圾焚烧行业的特征

随着经济发展，环保问题越来越受重视。垃圾随意丢弃会污染环境，所以必须无害化处理。相比卫生填埋，垃圾焚烧可以实现垃圾减量，节约宝贵的土地资源。此外，垃圾焚烧还可以供电供热，有一定经济效益。对于人口聚集的城镇，垃圾焚烧发电非常合适。但在地广人稀的地区，垃圾收集距离远，垃圾处理量规模不够，焚烧的模式经济效益差。在欧洲和日本，垃圾焚烧在垃圾处理中占比高于70%。我国现行的政策也是鼓励用垃圾焚烧替代卫生填埋。对于股东而言，垃圾发电也有诸多好处，比如：垃圾发电优先上网，不像风电、太阳能、水电那样存在消纳或储能的问题；垃圾发电的主要燃料是垃圾，没有采购和运输成本。

垃圾焚烧发电属于非周期性行业、公用事业、区域性行政垄断行业。对投资者而言，行政垄断行业最大的优点是竞争格局稳定，避免过度竞争。垃圾焚烧发电行业一个萝卜一个坑，在建设前就已经确定了所在区域的特许经营权。而行政垄断行业最大的缺点是价格受到监管和限制，不完全由企业自己决定。所以投资者的首要任务，是确定企业能否抵抗通货膨胀。《投资第一课》第六章第三节中关于某电视信号提供商的例子，就比较典型——通胀导致其成本上升，售价却10年未变，结果毛利率从50%左右逐步降至10%以下。

那么垃圾焚烧发电行业究竟能否抵抗通胀？我们需要进一步分析它的盈利模式。从收入端来看，主要有两部分：一部分是发电上网收到的电费（电网支付）。目前电费价格的政策是每吨垃圾发电量在280千瓦以内部分，补贴至0.65元/千瓦，超过部分则按当地火电标杆电价执行。根据目前的情况，电价上涨的可能性非常小，补贴减少甚至退出的风险倒是存在。另一部分是地方政府支付的垃圾处理费，它可以调整，且一般为调高

(通胀原因)。具体各项目的调价方法不尽相同，在 PPP 项目招标时就已经明确调价方法。行业通行的做法，要么是锚定 CPI 进行调价（当 CPI 累计上涨一定幅度），要么是每隔一段时间调价（通常 1 年至 3 年，调价幅度也主要参考 CPI 或成本上涨情况）。另外，遇到电价补贴退坡的情况，垃圾处理费可能调价；环保排放要求提高后也可能调价。这两种情况在签订 PPP 协议前就已经约定，或者是在经营过程中与地方政府进行协商。

我们再来看看成本端，也就是“费”。垃圾焚烧行业的主要成本有几大块，表 11－5 是绿色动力 A 股招股说明书中披露的营业成本构成。

表 11－5　绿色动力的营业成本构成

项目	2017 年		2016 年		2015 年	
	金额（万元）	比例（%）	金额（万元）	比例（%）	金额（万元）	比例（%）
人工成本	9,948.70	30.49	8,256.82	32.86	6,892.58	36.17
材料费用	1,916.47	5.87	2,159.90	8.60	1,610.95	8.45
水费	483.03	1.48	333.99	1.33	237.30	1.25
购电费	85.63	0.26	66.19	0.26	29.08	0.15
燃料费	1,543.50	4.73	1,165.29	4.64	651.62	3.42
环境保护费	5,646.98	17.31	5,155.63	20.52	3,531.56	18.53
固定资产折旧	7.46	0.02	4.99	0.02	8.51	0.04
无形资产摊销	7,012.43	21.49	4,885.89	19.45	4,516.56	23.70
其他	5,987.11	18.35	3,094.83	12.32	1,578.20	8.28
合计	32,631.31	100.00	25,123.54	100.00	19,056.36	100.00

资料来源：绿色动力 A 股招股说明书。

注：人工成本主要包括员工工资和福利费；材料费用主要为备品备件；环境保护费系为空气净化装置采购布袋、活性炭和石灰石的开支；其他运营成本包括检修支出及检测费用等。

表 11－5 中，无形资产摊销①在建设期就已经全部投入并且固定，在运营后再逐年释放（约 30 年），显然它是不受通胀影响的，这一块占比

① 对于 PPP 模式的项目，因为企业不拥有所有权，所以会计上一部分计为无形资产（特许经营权）进行摊销，另一部分则计为长期应收款逐季回收。不管怎么记账，意义是相同的。

20%。其余的80%都可能受到通胀影响（尤其是占比30%左右的人工成本）。在营业成本之外还有“三费”，即财务费用、管理费用、销售费用。其中管理费用和销售费用的通胀压力较大，而财务费用与通胀的关系比较复杂且偏宏观，所有借债经营的企业都将面对，并无特殊之处。

到这里我们可以确定一个总基调：垃圾焚烧行业的“价”和“费”最多只能跟上通胀，无法跑赢通胀，它不具备强势品牌专营垄断的“提价权”。也就是说，成长性三要素中的“价”和“费”，都很难有正面贡献。

成长性的来源

既然“价”和“费”都难以贡献成长，剩下的主力就是“量”！在之前很长一段时间，我都以为公用事业行业股票应该属于“稳定收息”类型，很难把它们与成长股挂钩。这主要也是受国外引进的经典投资书籍影响。发达国家的大规模基础建设已经结束，但是我们的国情不一样，我们的基础建设还有很大成长空间。公用事业型公司，只要不断建设新的产能，把“量”垒大，同样可以是高速成长股。

垃圾焚烧发电的“量增”，主要来自几个方面。首先是产能的扩张，也就是新建或扩建（二期）垃圾焚烧电厂。因为目前情况是用垃圾焚烧去替代卫生填埋，所以只需将原本用于填埋的垃圾拉过来焚烧即可，并不用等待垃圾总量增长（缓慢）。在很短的爬坡期之后，产能利用率即可提高到100%[①]以上。如果早期垃圾不够烧，还可将填埋场的垃圾挖出来焚烧，或者到周边地区调“货”（未建设垃圾焚烧电厂的地区）。

其次是垃圾热值提升，这使单位垃圾的发电量增加。垃圾热值上升主要源于人民生活水平提高，纸包装和塑料等高热值垃圾的占比提高。因为

① 因为渗滤液和统计口径的原因，垃圾焚烧的最高产能利用率能达到120%左右。

垃圾热值提升几乎不需要额外的成本，所以这一块的“量增”对成长的贡献颇大，它所带来的额外收入，在扣税后都变成了净利润。

最后，回想之前中国移动的案例，**我们有必要来个反向思考**。譬如我们提及的高速公路、水力发电等行业，总是先从经济效益好、资源禀赋高的地区开始建设，之后的边际收益越来越低。垃圾发电站会不会也是如此呢？我想答案是显而易见的——垃圾焚烧电厂也是从经济发达、人口净流入的大中型城市优先开始建设，这些地区垃圾清运量大且增速也快，适合配备大型机组。条件好的“萝卜坑”被占满之后，就得往经济效益没那么好的地区发展了。另外，当垃圾焚烧在垃圾处理中占比超过60%以后，可能存在局部城镇垃圾量不够、垃圾发电厂的产能利用率不足的情况。我们知道垃圾焚烧行业是典型的重资产行业，存在较多固定成本，产能利用率不够的情况下很容易亏损。

我们假设未来5年垃圾总量每年增速为5%（近年垃圾总量增速），垃圾焚烧行业处理量继续保持17%的增速（2013—2018年的平均增速）——根据国家统计局数据，2018年垃圾焚烧在无害化垃圾处理中占比为45.14%——很容易测算出以下数据：2019年为50.30%，2020年为56.05%，2021年为62.46%，2022年为69.60%，此时已经接近欧洲发达国家水平。

当市场饱和后，“狼多肉少”的状况恐难以避免。老项目得益于行政垄断，盈利能力有一定保障。但目前已有一些新建的垃圾焚烧电厂，它们自己的PPP特许经营区域范围的垃圾不够用，所以需要从临近城镇或乡村（没有建设垃圾焚烧电厂的区域）收集垃圾。在建设密度提高以后，这类项目势必受到负面影响。此外，当行业饱和后，新建垃圾焚烧电厂在投标阶段的竞争也会更加激烈，这可能导致新建项目的收益率下降。届时，行业内的收并购动作也会更频繁。但行政垄断行业的集中度提升并不会像自由竞争行业那么顺利，因为它们各自都建立了宽广的“护城河”。相对而言，负债率高、负债成本高、经营效率低的企业，有可能被迫让出城池。

总结而言：目前整个行业的景气度仍然不错，但它不可能像前面10多年那样长期保持25%的复合增长率——树终究不可能长到天上去。如果行业增速依然维持近5年的状况（复合增速17%），那么投资者应当特别留意2021年末这个转折点。

垃圾发电行业的政策风险

垃圾发电行业正处于高速成长中，是受鼓励的行业。目前行业内的鼓励政策主要有：

（1）增值税返还，即电费部分全额返还，垃圾处理费部分70%返还；

（2）企业所得税实行“三免三减半”，即首3年免收取，次3年减半收取；

（3）上网电价在280千瓦/吨内，补贴至0.65元每度电。

与风力、太阳能等清洁能源不同，垃圾发电除了提供电能，还处理了垃圾，实现了垃圾减量。垃圾发电行业之所以有发电补贴，并不是因为它发电的经济效益不够强，而是对垃圾处理的一种付费。覆盖整个行业的发电补贴，有利于消除地区差异，帮助经济欠发达地区建设垃圾发电厂。

风电、太阳能发电的补贴陆续在退坡，关于垃圾发电的补贴退坡也早有传闻。进入2020年后，国家陆续出台了新的垃圾发电补贴政策。其中影响较大的有：

2020年初财政部的《可再生能源电价附加资金管理办法》及后续的《关于有序推进新增垃圾焚烧发电项目建设有关事项的通知》。2020年1月20日为新旧项目分割点，老项目老办法，新项目新办法。2020年1月20日后并网发电的新项目按“以收定支”原则，可再生能源发展基金将继续予以补贴支持。

9月中旬的《完善生物质发电项目建设运行的实施方案》规定，自2021年1月1日起，规划内已核准未开工、新核准的生物质发电项目全部通过竞争方式配置并确定上网电价。

截至本章落笔时间，竞价上网的实施细则还未公布，竞价工作也未开始。竞价上网会不会造成垃圾发电厂新建项目陷入恶性竞争呢？目前情况尚不明朗。也有上市公司表示，部分地方政府可能会提高垃圾处理费标准，以对冲垃圾发电补贴退坡带来的影响。

个股选择遇到拦路虎

许多投资者翻一翻历史业绩，排一排ROE大小和估值顺序，就作出了投资决定。他们常常被笑话成“看市盈率炒股，小学生都会”。如果采用这种方法并较大程度地分散投资，目标是取得略高于指数的收益率，那么我觉得它并无不妥，而且不失为一个省心省力的办法。但如果想要追求更高的超额收益，采用这种方法去做集中投资是远远不够的。

回顾我们的“翻石头”之路，首先，我们翻到了同一行业的许多股票，它们过往的成长历史不错，估值也不高（进入狩猎区），值得更进一步研究。接下来，我们要分析整个行业的特征以及成长空间等。投资就是不断搜寻资料，分析资料，作出判断。我们没有教科书，没有老师“手把手”。幸运的是，现在网络已经非常发达，我们可以找到相对充分的资料。

前面这些工作是“自下而上”的，紧接着我们“自上而下”——进行个股精挑细选！这个阶段最重要的资料是各家上市公司的历年财报以及业绩发布会披露的信息。需要投资者去做的工作太多了：长期竞争优势分析、成长性“量、价、费”分析、估值比较、财务指标分析、资本结构分析、管理层品格及能力分析（含激励政策），等等。限于篇幅，本书不可能面面俱到，许多方法已经收录在前作《投资第一课》中。

****

在阅读各家垃圾发电企业财报的过程中，我发现它们的会计准则比较复杂且不统一，这使得对于企业的横向对比难度极大。主要差异有：

（1）计不计算“建造利润”[①]？

以 PPP 模式为例，垃圾发电企业在中标后开始建设垃圾发电厂。建设中的开支（包括经资本化的借贷利息）在资产端累积为长期应收款和特许经营权这两大块。假设某垃圾发电厂项目在建设完毕后，总建设支出为 4 亿元，那么相应在资产端也会增加 4 亿元的长期应收款和特许经营权，这种情况就是不计“建造利润”。

但是企业忙活了一两年[②]，一分钱也没赚到，谁也不愿白干，所以在 4 亿元的基础上再加一个建造利润，比如 1 亿元，这样总共增加的资产就是 5 亿元（而非之前的 4 亿元），变成了 4.75 亿元的长期应收款和特许经营权，以及 0.25 亿元的递延所得税资产[③]。在资产端变大的同时，后期运营时摊销（成本）也变大，所以整个运营期的总体利润并没有变化，不同的会计处理只是将利润在时间上进行了挪动而已。

那么问题来了：该计多少建造利润？账面价值是否公允呢？这是一个难题！这有点类似投资物业增值，它更依赖于企业的主观性，可调节范围较大。

（2）大修费用[④]如何处理？

一种会计做法是在大修发生的当期，即作为营业成本计入利润表，影响当期利润。另一种会计做法，是先估算未来若干年甚至几十年（整个项目生命期）需要花费的大修费用，再用一个贴现率进行贴现，得到的现值

---

① A 股会计准则对于分包给第三方建设的项目，不允许计建造服务收入，因此也就没有建造利润。港股会计准则无特别要求。

② 垃圾焚烧发电厂从开工到完工的周期多为 18 个月左右。

③ 此处所得税税率按 25% 计算。

④ 机器设备通常 3 年中修，5 年大修。

记为“预计负债”。这个“预计负债”有点类似减值准备，在初始计提的时候对利润表产生一次性影响，而后的实际运营中，大修费用只须冲减预计负债即可，不会继续影响利润表①。两种方法对比而言，后者在初期（计提时）利润受到压制，后期则体现更高的利润率。这同样只是将利润在时间上进行了挪动，不会改变整个运营期的利润总额。

（3）应收账款如何处理？

应收账款的大头来自发电补贴。目前的政策，新能源发电补贴实行目录制，新建垃圾发电厂从运营到被纳入目录需要两三年时间。被纳入目录前的应发补贴，在会计上有几种处理方法：它可以不计入营业收入，所以也不存在应收账款，这种方式的净利润最少。它也可以计入营业收入，但计提坏账方面又有回旋余地，可以不计提（认为不存在风险），也可按账期计提（账期越久计提越多）。不同的坏账计提方式，对净利润的影响较大。

综合以上几方面原因，行业内上市公司之间净利润和净资产口径都不统一，很难进行横向对比。看来只能想别的办法——**放弃最优解，寻找较优解**。我们不寻找需要称重才能确定的“胖子”，而是瞟一眼就能确定的“胖子”。如果不相伯仲，那就都分散着买一点。这又有什么关系呢？

****

在本书完稿前后，我仍然持有某只垃圾发电股，且可能在未来1~3年内卖出。为避免误导读者，也出于本书篇幅限制，无法进行详细的个股分析。表11-6是当时3只垃圾发电股的相关信息汇总，均为客观数据，不代表主观意愿，不表示个股好坏，更不构成投资建议，感兴趣的读者可以自行研究。

---

① 因为预计负债是一个预估值，有时会发现之前的估算不准确，有必要进行调整。这时可增加预计负债的账面值，在利润表中则确认为利息费用。

表 11-6　3 只垃圾发电股的经营数据汇总

项目	A 上市公司	B 上市公司	C 上市公司
收盘价（2019 年 4 月 30 日）（港元）	7.68	3.81	3.89
股份数（亿股）	61.43	24.4	11.61
汇率（港元兑人民币）	0.858	0.858	0.858
市值（亿元）	404.79	79.76	38.75
归母股东权益（亿元）	291.09	45.41	28.52
市净率	1.39	1.76	1.36
归母净利润（亿元）	37.059	6.473	2.728
市盈率	10.92	12.32	14.20
有息负债（亿元）	330.55	35.43	57.85
利息支出（亿元）	13.867	1.813	2.203
其中：资本化部分（亿元）	0.107	0.051	0.119
已投产产能（吨/日）	87100	14740	13510
在建产能（吨/日）	24650	14300	11800
筹建产能（吨/日）	15850		12 座
2018 年垃圾处理量（万吨）	2006.20	503.37	469.18
上网电量（亿度）	95.72	18.00	13.98
每吨上网电量（度）	350 以上	357.59	297.97

资料来源：市值及汇率为 2019 年 4 月 30 日数值，其他数据来自各上市公司 2018 年年报。

注：1. A 公司还包含生物质处理（发电）、污水处理等业务，表中上网电量不光是垃圾发电电量。

2. C 公司只披露了在建电厂 11 座以及 11800 吨/日的产能；筹建电厂 12 座未披露其产能。

成长中的城燃赛道

继续“翻石头”之旅，我们发现：在城市燃气、房地产等行业也出现了“集体成长”的迹象。在《投资第一课》中①，我们结合小学入学人数和房

① 详见《投资第一课》第六章第二节，相关数据可以在国家统计局网站上查找并补充。

地产销售面积，对房地产行业的市场空间进行了探讨，本书中不再赘述。

与垃圾发电类似，城燃也是非周期性行业、公用事业、区域性行政垄断行业。以下是近年城市燃气行业的部分上市公司业绩情况。

表 11－7　三家城燃公司经营业绩

项目		2020 年	2019 年	2018 年	2017 年	2016 年	2015 年	2014 年	2013 年	2012 年	2011 年	2010 年
新奥能源	营业收入（亿元）		701.83	606.98	482.69	341.03	320.63	290.87	229.66	180.27	150.68	112.15
	增速（%）		15.63	25.75	41.54	6.36	10.23	26.65	27.40	19.64	34.36	—
	归母净利润（亿元）		56.70	28.18	28.02	21.51	20.36	29.68	12.52	14.82	12.53	10.13
	增速（%）		101.21	0.57	30.26	5.65	－31.40	137.06	－15.52	18.28	23.69	—
华润燃气	营业收入（亿元）		558.35	511.65	398.38	329.16	328.34	287.17	222.88	136.22	142.08	93.31
	增速（%）		9.13	28.43	21.03	0.25	14.34	28.85	63.62	－4.12	52.27	—
	归母净利润（亿元）		50.43	44.50	36.54	32.89	28.38	24.80	21.61	16.46	11.76	7.87
	增速（%）		13.33	21.78	11.10	15.89	14.44	14.76	31.29	39.97	49.43	—
中国燃气	营业收入（亿元）	595.40	593.86	528.32	319.93	294.97	316.66	260.08	179.56	189.34	158.62	102.12
	增速（%）	0.26	12.41	65.14	8.46	－6.85	21.75	44.84	－5.17	19.37	55.33	—
	归母净利润（亿元）	91.88	82.24	60.95	41.48	22.73	33.71	25.76	17.64	9.54	6.26	8.76
	增速（%）	11.72	34.93	46.94	82.49	－32.57	30.86	46.03	84.91	52.40	－28.54	—

注：中国燃气财年为上年 4 月 1 日至当年 3 月 31 日。官方的 2020 年财报指 2019 年 4 月 1 日至 2020 年 3 月 31 日。

与前文垃圾发电行业类似，城燃行业公司的经营业绩足以引起我们的重视！继续挖掘，我们首先想到的是国家统计局的数据。将数据汇总后得出表 11－8。

表 11－8　2000—2019 年中国天然气行业发展状况

项目	2019 年	2018 年	2017 年	2016 年	2015 年	2014 年	2013 年	2012 年	2011 年	2010 年
天然气消费总量（万吨标准煤）	39366.00	36192.00	31397.03	27020.78	25364.40	24270.94	22096.39	19302.62	17803.98	14425.92
增速（%）	8.77	15.27	16.20	6.53	4.51	9.84	14.47	8.42	23.42	22.62

续表

项目	2019年	2018年	2017年	2016年	2015年	2014年	2013年	2012年	2011年	2010年
天然气用气人口（万人）	39024.99	36902.14	33933.87	30855.57	28561.47	25972.94	23783.44	21207.53	19027.80	17021.22
增速（%）	—	8.75	9.98	8.03	9.97	9.21	12.15	11.46	11.79	17.04
天然气生产总量（万吨标准煤）	22629.00	20730.63	19359.00	17993.94	17350.85	17007.70	15786.49	14392.67	13947.28	12797.11
增速（%）	9.16	7.09	7.59	3.71	2.02	7.74	9.68	3.19	8.99	11.83
天然气进口量（亿立方米）	—	—	946	746	611	591	525	421	312	165
增速（%）	—	—	26.81	22.09	3.38	12.57	24.70	34.94	89.09	117.11
天然气管道长度（公里）	767946.33	698042.72	623253.34	551031.25	498087.02	434571.47	388472.98	342751.81	298972.07	256428.60
增速（%）	—	12.00	13.11	10.63	14.62	11.87	13.34	14.64	16.59	17.21

项目	2009年	2008年	2007年	2006年	2005年	2004年	2003年	2002年	2001年	2000年
天然气消费总量（万吨标准煤）	11764.41	10900.77	9343.26	7734.61	6272.86	5296.46	4532.91	3900.27	3733.13	3233.21
增速（%）	7.92	16.67	20.80	23.30	18.43	16.84	16.22	4.48	15.46	—
天然气用气人口（万人）	14543.68	12167.09	10189.80	8319.40	7104.40	5627.55	—	—	—	—
增速（%）	19.53	19.40	22.48	17.10	26.24	—	—	—	—	—
天然气生产总量（万吨标准煤）	11443.69	10819.36	9246.04	7832.41	6642.06	5564.91	4635.77	4375.76	3980.47	3602.81
增速（%）	5.77	17.02	18.05	17.92	19.36	20.04	5.94	9.93	10.48	—
天然气进口量（亿立方米）	76	46	40	10	—	—	—	—	—	—
增速（%）	65.22	15.00	300.00	—	—	—	—	—	—	—
天然气管道长度（公里）	218778.15	184083.71	155251.00	121498.00	92043.11	71411.25	—	—	—	—
增速（%）	18.85	18.57	27.78	32.00	28.89	—	—	—	—	—

由表11－8我们可以看出，我国的天然气是一个仍在成长的行业，过去20年的增速都很不错。天然气消费量、用气人口、生产量、进口量、管道长度等均保持了较高的增长速度，快于GDP增速。截至2018年末，用气人口约3.7亿人，远小于我国的14亿总人口，也小于8.48亿城镇常住

人口[①]。这里插一句，许多上市城燃公司会公布其区域内的“气化率”[②]指标，通常气化率更低的城燃公司未来发展潜力也更大，更符合“成长股”标准；而在气化率高的成熟型大城市，对应的上市城燃公司如果不进行收并购，则更符合“收租股”标准。

为了避免受线性外推思维干扰，我们还需进一步验证。在投入研究的那个时间节点，以及随后数年内，整个行业有没有可能迎来增长拐点？与前例类似，招股说明书、券商长篇研报、债券募集说明书等是投资者快速入门的捷径！

国家天然气“十三五”规划中如是说：

2015 年全国天然气表观消费量 1931 亿立方米，“十二五”期间年均增长 12.4%，累计消费量约 8300 亿立方米，是“十一五”消费量的 2 倍，2015 年天然气在一次能源消费中的**比重从 2010 年的** 4.4% **提高到** 5.9%。

根据 2020 年《BP 世界能源统计年鉴》，2019 年天然气在一次能源消费中的全球平均比重为 24.2%。

为什么我国的天然气消费比重偏低呢？每个国家的自然资源禀赋不同，我国的特点是多煤少油缺气，因此能源消费大量依赖煤炭。与煤炭相比，天然气更清洁环保，也是“蓝天保卫战”的扶持重点，因为前些年冬季，我国北方地区雾霾严重。2013 年，国家发布《大气污染防治行动计划》，提出加快“煤改气”改造。我们并非消费不起天然气，而是天然气供应存在缺口。随着天然气勘探技术发展，页岩气开采技术应用，自产天然气将逐步增加；另外，天然气进口量的增速更快，这可以弥补部分用气缺口。“十三五”规划中的供应能力计划为“2020 年国内天然气综合保供能力达到 3600 亿立方米以上”。2020 年规划的供应能力约是 2015 年消费

---

① 2020 年 2 月 28 日国家统计局发布《2019 年国民经济和社会发展统计公报》，其中人口数据如下：“2019 年年末全国大陆总人口 140005 万人，比上年末增加 467 万人，其中城镇常住人口 84843 万人，占总人口比重（常住人口城镇化率）为 60.60%。”

② 按平均每户 3 人计算，安装户数乘以 3 再除以常住人口总数，即得出气化率。

量的两倍。即便如此，也才达到约10%的能源消费比重，天然气应当还有较大的发展空间。

****

城市燃气是天然气行业中的下游，它的下游（客户）是居民和企业，上游是天然气勘探、采掘、长距运输（管道、LNG等）、储气等。其中勘探和采掘主要由中石油、中石化、中海油三巨头完成，不足部分依赖进口。运输部分，之前的主要长输管道资产由“三桶油”持有，现已成立国家石油天然气管网公司统一接管，另外城燃公司也持有一些长输管道资产。LNG指的是液化天然气：进口天然气[①]被液化后用轮船运输，到岸后装入LNG接收站，再气化并用管道运输。LNG的成本大幅高于管道气。由于供暖的原因，冬季天然气需求高，管道天然气不能满足需求，所以更多地利用LNG来调峰。对于城燃公司来说，气源是影响成本的重要因素——更多采用管道气的城燃公司，成本更低。这也是许多城燃公司修建并持有长输管道资产的原因。

让人眼前一亮的是城燃公司的经营模式。在一个区域，一旦确认由某家城燃公司来运营，就不会轻易更换，也不会有第二家竞争者进入。这就形成了独家区域垄断。虽然垄断不利于消费者，但如果两家城燃公司在同一区域开展业务，会造成两个更坏的后果：一是城市燃气管道重复建设，资源浪费；二是天然气为易燃易爆品，而城市燃气管道埋藏在地底，一旦出现爆炸事故，责任难划分。反过来说，一个区域由一家城燃公司全面负责，更能增强它的责任心，督促其做好事故防范工作。而城市燃气管道埋藏在地底，由一家城燃公司掌握全部路线图纸，更方便施工和维护。

城燃公司的收入和利润主要来自两大块。**第一块是工程安装费（初装费）和配套费**。民用部分集中在新建楼盘：工程安装费向房地产开发商收

---

① 进口天然气有两种，陆地接壤才能使用管道方式，隔海必须用LNG方式。

取，修建的是小区红线以内的燃气管道，这部分费用先预收再建设，收款条件非常好；配套费则主要涉及小区红线外的市政燃气管道，由开发商缴纳给地方政府，再由政府分发，收款条件也不错，应收账款的坏账率低。此外，老楼房也可以加装天然气，各地收费标准不一，也有少数城市是免费的。至于工业和商业用气，费用视具体安装条件、用气量等，双方单独谈判，收款条件也很不错。**第二块是配气（销气）费用**。城燃公司从上游接收天然气，再向下游客户出售，这中间有一个价差，称为配气毛差。多数地区的天然气调价机制，可以让天然气价格波动传导到终端客户，城燃公司的配气毛差会有小幅波动，但整体保持稳定。在部分抑制天然气终端涨价的地区，地方政府通常也会有补助。居民用气和汽车加气站采用预付费制，先充钱再消费。而工业和商业用气通常采用月结或季结，收款条件也很不错——燃气费用是用气企业首先要保障的经营支出，毕竟欠费可能被停气。

为什么我们在这里反复提到“收款条件”呢？如果城燃公司可以从客户端提前收钱，或者很快收到钱，就不需要自己垫付太多资本。经过比对各城燃公司的资本支出，我们发现，它们从工程安装费和配套费获取的收入，很大程度上满足了城市燃气管道建设的资本开支。此外，城燃公司只有很少量的存货（存货会压占运营资本）。它的存货是少量用于施工建设的原材料，这部分存货的资金已经从客户手中预收，或从供应商那里赊账（应付账款）。**因此城燃公司不需要投入太多的资本就可以获得成长**。这与垃圾发电行业有很大不同——它必须先出资把电厂建好，再逐年回收投资，初始建设需要投入大量资本。所以垃圾发电企业成长速度一快，负债率就会升高并触顶，这时就需要股权再融资。

****

当然，谈到垄断和公用事业，我们除了想起以上优点，也不要忘了硬币的反面——它遭受价格管制。对于行政垄断企业，政策能让它们赚到钱，但不会让它们赚取暴利，通常资本回报率（ROA）会限制在8%以内。因此快速成长中的城燃公司，负债率都比较高——企业通过加杠杆来提升净资产回报率，加速成长。这类公司的负债率和负债成本是重要的观察点。

在行政垄断领域，行业政策始终值得投资者重点关注！通过招股说明书和券商长篇研报快速入门后，我们需要收集10多年来的相关政策。与垃圾发电行业不同的是，城燃行业没有补贴，所以也就没有补贴退坡的问题。

部分相关政策如下：

（1）受益于清洁能源的属性，近些年国家发布了许多促进天然气发展的政策，比如，2014年6月能源局发布《能源发展战略行动计划2014—2020》，2017年6月国家发展和改革委发布《加快推进天然气利用的意见》和《天然气发展“十三五”规划》，2018年7月国务院发布《打赢蓝天保卫战三年行动计划》，等等。

（2）2015年10月国务院发布《中共中央国务院关于推进价格机制改革的若干意见》，加快推进能源价格市场化，由此拉开天然气行业价改序幕。文件中提到：“按照‘管住中间、放开两头’① 总体思路，推进电力、天然气等能源价格改革……尽快全面理顺天然气价格，加快放开天然气气源和销售价格。”

（3）与城燃公司相关的价格机制主要有两大块。第一是配气价格。2017年6月，国家发展和改革委发布《关于加强配气价格监管的指导意见》，此后一年多，各省陆续出台天然气配气价格管理办法。经调整后，各地天然气配气价格基本保持稳定。第二是工程安装价格。2019年6月

① 中间指的是长输管道，两头指的是气源和城燃配气。

底，国家发展和改革委、住房和城乡建设部、国家市场监督管理总局联合印发《关于规范城镇燃气工程安装收费的指导意见》。文件中提到加快建设燃气工程安装竞争性市场体系。原文摘录如下：

加快构建燃气工程安装竞争性市场体系。各地要加快建立完善公平开放的燃气工程安装市场，鼓励具备燃气工程安装施工能力的企业依法取得相应市政公用工程施工资质后参与市场竞争，鼓励具备安装资质的企业跨区域开展工程安装和改造业务，促进市场竞争。燃气企业不得滥用市场支配地位垄断经营范围内工程安装业务，或指定利益相关方从事燃气工程安装，妨碍市场公平竞争。

综上所述，整个天然气行业受到政策鼓励，建设加快，成长性好。天然气价格机制也基本理顺，具体到城燃公司这一块，配气价格已经基本稳定。但燃气工程安装施工（只包括小区红线内燃气管道，不包括市政燃气管道）这一块将引入竞争，可能会压低整体价格，并使部分城燃公司丢失市场份额，后续影响还有待观察。

第十二章

确定性与概率、赔率

还记得本书开篇就讨论的“投资灵魂三角”吗？它们是低估值、成长性、确定性。关于估值和成长，前面已经讨论很多了，现在我们重点来看看确定性。

巴菲特曾说看不懂科技股，但近年来伯克希尔持有最多的股票却是苹果公司。众所周知，苹果公司正是一家典型的高科技公司！

这矛盾吗？不矛盾！

注意区分：很赚钱、成长性、确定性

很多朋友容易混淆“很赚钱”和“成长性”，实际上**很赚钱不等于有成长性，有成长性也不代表很赚钱。另外，“很赚钱”与“确定性”之间，“成长性”与“确定性”之间，也没有必然联系**。

我们先来看一个例子：

假设有这样一只母鸡，它每天都能下一个金蛋，这符合“很赚钱”的特点。那这只会下金蛋的母鸡具有成长性吗？它现在是每天下一个金蛋，一年后还是每天下一个金蛋，每天下蛋的数量并没有增加，显然并不具备成长性。

问题出在哪呢？

如果用积攒下来的金蛋——比如 100 个金蛋——能买来另一只同样会下金蛋的母鸡，那么省吃俭用 100 天后，我们就能每天从鸡窝里找到两个金蛋了，1 变 2，这就是成长性！遗憾的是，世界上能下金蛋的母鸡仅此一只，而且金蛋孵不出小鸡，用再多的金蛋也换不来另一只能下金蛋的母鸡！在这只母鸡的生命历程中都**无法完成资本复投，没有复利效应，所以没有成长性**。

能下金蛋的母鸡很稀奇也很赚钱，但它没有成长性，如果你拿一座金山去换，肯定不是笔划算的买卖！即便是“很赚钱”的生意也得考虑估值，低估值是投资灵魂三角之一。

那么“很赚钱”和“确定性”的区别又在哪里呢？首先，你想买下这只能下金蛋的母鸡，卖家会带你参观超豪华鸡舍，告诉你食物需要精心配比，温度湿度要精确控制，你还得每天播放轻音乐，它才能下出金蛋。卖家给你演示，并从鸡屁股下面掏出一个金蛋，“瞧，刚下的金蛋”。倒霉的是，等你欣喜地把母鸡买回家，它就再也没下过金蛋了！是食物不对，还是温度不对，又或者压根就是你被骗了？即使我们假设这只母鸡真能下金蛋，那它能活多长时间呢？这又是一个重大的不确定因素，或许它明天就染上鸡瘟死掉了。**“很赚钱”不代表能够很“确定”地赚到手**。

巴菲特曾说：“投资如果只能看一个指标，那就是 ROE。”这句话意在强调 ROE 的重要性，而非唯一性。高 ROE 相当于这只母鸡会下金蛋的能力，但高 ROE 不代表有成长性，也不代表有确定性。ROE 指标可用于初筛股票，可是仅凭此就作出投资决策，那投资似乎过于容易了。巴菲特也从来没有只瞟一眼 ROE 就展开投资，他更多的是对生意模式和管理层的深度思考。

反过来说，低 ROE 也不代表就没有成长性。低 ROE 的上市公司具有成长性，有两种可能：一种是成长性推动 ROE 不断升高，这期间可能伴随着负债率提升；另一种则需要不断进行股权再融资，以此支撑其业务扩张。如果融资估值较高则对老股东有利，反之则会出现“只增利润不增每股收益”的情况。

成长性与确定性之争

我们来看看 A 公司近 5 年的业绩，见表 12 - 1。

表 12 – 1　2015—2019 年 A 公司经营业绩

项目	2015 年	2016 年	2017 年	2018 年	2019 年
营业收入	2337. 15	2156. 39	2292. 34	2655. 95	2601. 74
净利润	533. 94	456. 87	483. 51	595. 31	552. 56
净利润率（%）	22. 85	21. 19	21. 09	22. 41	21. 24
ROE（%）	46. 25	36. 90	36. 87	49. 36	55. 92

从表中的数据来看，A 公司的 ROE 很高，净利润率也很高，符合“很赚钱”的标准，但近些年无论是营业收入还是净利润，都谈不上有很强的成长性。这个业绩更应该和“原地踏步”“小幅波动”等词语联系起来。

如果把表 12 – 1 的单位设为“亿美元”，得到的就是苹果近 5 年的业绩。

根据公开资料，伯克希尔从 2016 年第一季度开始买入苹果，后又不断加仓。随着苹果股价的上涨，它逐渐变成伯克希尔证券组合①中的第一重仓股。有趣的是，伯克希尔买入苹果后的第一年（2016 年），苹果的营业收入和净利润不仅没有增长，反而分别录得 – 7. 7% 和 – 14. 4% 的倒退。此后几年也并没有表现亮眼的成长性，但这并不妨碍它股价的上涨——从 2016 年初至今（截至 2020 年 9 月底）已经上涨了约 4 倍。

我们再往前回溯 10 年，看看它之前的业绩情况，见表 12 – 2。

表 12 – 2　2006—2015 年苹果公司营收与净利润

项目	2006 年	2007 年	2008 年	2009 年	2010 年	2011 年	2012 年	2013 年	2014 年	2015 年
营业收入（亿美元）	193. 15	245. 78	374. 91	429. 05	652. 25	1082. 49	1565. 08	1709. 10	1827. 95	2337. 15
营收增速（%）	—	27. 25	52. 54	14. 44	52. 02	65. 96	44. 58	9. 20	6. 95	27. 86
净利润（亿美元）	19. 89	34. 95	61. 19	82. 35	140. 13	259. 22	417. 33	370. 37	395. 10	533. 94
净利润增速（%）	—	75. 72	75. 08	34. 58	70. 16	84. 99	60. 99	– 11. 25	6. 68	35. 14

从这 10 年的业绩来看，苹果是一只妥妥的成长股，10 年间净利润增长了 20 多倍。

① 不包含旗下非上市公司。

1997年，乔布斯回归苹果公司，此后苹果公司便开启了高速成长之路。次年苹果发布iMac；2001年发布初代iPod；2007年1月9日，苹果迄今为止最重要的一款产品问世，那就是iPhone！当时的iPod已经是实现全触摸屏的小型“掌上电脑”，而iPhone其实就是把通信功能加到了iPod上。但这一个小小的举动，却颠覆了手机行业的竞争格局！

两年后的2009年，此时微软的手机系统Windows Mobile（以及后来的Windows Phone）已经在手机上运行了近10年。当年10月，当时手机领域的老大哥诺基亚发布触屏手机5230，采用电阻屏和塞班智能系统，风靡一时，成为当之无愧的“街机”。当时我见过很多诺基亚5230，但苹果只见过一台iPhone 3GS，据说还是托人从国外买到的“水货”。让时间回到2009年，谁能想到最终胜出的不是手机老大哥诺基亚，也不是桌面操作系统老大哥微软呢？尽管现在看来结局显而易见，但2009年的苹果公司，确定性不强。但这并不妨碍它具备很强的成长性，因为当时使用苹果设备的人还很少，它有很大的成长空间。

真正加剧手机行业洗牌的是谷歌的安卓系统。2008年10月，安卓系统发布，加入厮杀。因为当时的苹果手机价格昂贵，所以功能机的手机厂商仍有生存空间。但安卓的加入，就直接把它们都干趴下了。安卓系统不论从视觉表现、操作便利度还是功能等方面都可以和苹果的iOS系统媲美，但搭载安卓系统的手机价格却比iPhone低一大截。更重要的是，谷歌自己不生产手机，而是授权手机厂商使用它的系统，这使安卓系统以最快的速度占领了尽可能多的手机终端。在“山寨机”退出市场后，安卓系统覆盖了iPhone之外几乎所有的高中低端手机。这时的苹果公司在一众手机厂商的围剿之下，以一敌百，能否最终胜出呢？这也有很大程度的不确定性。

随后，苹果的产品进入越来越多的国家。从iPhone 4开始，苹果手机开始在中国热销。2011年第四季度iPhone 4S发布后，国内三大运营商相继将其加入合约机消费套餐，使iPhone变成流行浪潮，当年甚至传出有小伙为买 iPhone 4S 而卖肾的新闻。每次苹果发布新款 iPhone，媒体都会争先报道，世界各地苹果专卖店门口排成长龙。越来越多的人使用苹果设备，其中也包括 iMac、Macbook、iPad 等。此外，苹果对 App Store 中的收费应用软件还会抽成。可以说从 2012 年至 2015 年，是苹果成长性好、确定性也很强的几年。

除非在恶性通胀的货币环境，否则电子产品很难提价。一台 iPhone 5000 多元的价格，放在 10 年前是昂贵的，普通人还得咬咬牙；随着消费水平提高，这个价格放在今天也就是个普通大件。越来越多的人使用苹果设备——包括曾经支付能力不足的潜在客户——消费下沉也给它贡献了成长性[①]。

不是说巴菲特不买科技股吗？其实巴菲特在此之前已经买过 IBM 的股票，巴菲特也曾表示过，后悔没有早点买苹果股票。站在 2016 年初的时间节点，巴菲特为何会买入苹果股票呢？苹果的巨无霸市值，符合伯克希尔的胃口；更重要的是，苹果公司当时的估值偏低，市盈率仅仅 10 倍出头。2016 年初，苹果的竞争地位已经很稳固，“确定性”很高。以历史业绩作为基本面分析出发点，受线性外推思维影响，任何人都很难判断 2015 年是苹果成长性的一个拐点（至少目前来看是如此）——此前苹果已经连续高速成长了近 20 年！成长到一定时候，在巨大的基数下，再要成长可就没那么容易了，“树不会长到天上去”，这也是苹果不得不面临的难题。2016 年的苹果公司，确定性非常强，成长性却稍显不足了。

在一次接受采访时，巴菲特曾说：“很明显苹果公司是高科技企业，但它的产品在很大程度上是一个消费品，它具有消费属性……菲利普·费雪的《怎样选择成长股》中提过一种‘闲聊法’，我用得很多。虽然我不使用苹果公司的产品，但当我跟它的用户闲聊时，我被苹果产品‘巨好

① 关于消费下沉的详细内容参见《投资第一课》。

用’的特性以及它的客户黏性给震撼了……我不知道苹果公司的实验室里发生了什么，但我知道消费者的脑袋里在想什么，因为我花了很多时间跟他们聊天……周末我带着一群小孩（曾孙）在冰雪皇后（DQ，全球冰淇淋和快餐连锁企业），他们总是抱着他们的苹果设备，他们几乎不和我说话除非我正在点餐……他们把生活建立在它（苹果）之上……每当苹果发布新产品，他们总是无法抗拒地要买一台新品……他们爱它。”

“护城河”与确定性

据说马化腾曾想以100万元卖掉QQ，这成为很多人调侃的谈资。殊不知早期聊天软件群雄争霸，QQ的竞争对手有MSN、ICQ、新浪UC等数十家。当时在网吧的电脑桌面会有一个文件夹，打开就是一整版聊天软件。在发展过程中，一个人事变动，一个新版本升级，一次股权再融资，都有可能改变竞争格局。可以说，当时的任何一家公司都可能在竞争中胜出。

即时通信软件有很强的网络效应，用户数量越多则价值越大。很多用户之所以使用某一款即时通信软件，是因为身边很多朋友也在使用它。如果你留一个联系方式给朋友或客户，他听都没听说过，还得去下载，完成注册，然后才能跟你联系，想想这该有多麻烦！**这种网络效应就是它宽广的“护城河”**。很显然，数十款即时通信软件“群雄争霸”的局面不可能长期存在，“剩”者为王。在竞争格局稳定前，投资标的成长性高，不确定性也高，投资者即便选到了成长性很高的标的，它也未必就是最后的“剩者”；竞争格局稳定后有一段“蜜月期”，企业的成长性高、确定性也高，但难办的是此时股票的估值也往往较高；再往后投资标的确定性高，估值也降下来了，但成长性又不够了——它即将或已经触碰“天花板”。投资的灵魂三角——低估值、成长性、确定性，三者难以求全。

在前面的章节，我们讨论了成长性来自市场总需求（赛道）和市场占有率两部分。在前作《投资第一课》中，我们讨论过“护城河”并不代表成长性。那么投资为什么要追求“护城河”呢？

“护城河”可以抵御竞争对手的侵犯，让城堡更稳固，投资追求“护城河”正是为了确定性。**“护城河”提高了未来的可预测性，减少投资结果与预期之间的偏差**。如今腾讯在即时通信软件领域已经建立了不可撼动的“护城河”，未来很容易预测——不管谁跳出来挑战，你都很容易预测结果。

我们都知道股市有一条“随机漫步理论”：因为新闻事件、经济政策、企业动态等是随机出现的、不固定的、无法预测的，所以它们对股价波动的影响也是随机的，没有任何轨迹可循。随机漫步和完全有效市场一样，是一种理论状态，就像物理上的“绝对真空”一样。投资如果不考虑确定性的问题，便如进入了随机漫步状态，得到的结果也是随机的。任何事情都有可能发生，只不过各种结局出现的概率是不同的。**投资追求确定性，就是追求预测中的投资结果能大概率出现（靠能力），而不是随机刚好出现（靠运气）**。

须知：**一件事情最终没有发生，不代表最初这件事发生的概率为零**。尽管互联网每天都在改变世界，但它不会改变人们咀嚼口香糖的方式，也不会改变男士剃胡须的姿势，这就是绿箭口香糖和吉列剃须刀的确定性。

雾里看概率

假设你参加一个抛硬币游戏，抛出反面损失全部押注，抛出正面能获取本金及两倍收益。关于赔率很好理解，损失全部押注的赔率是 0，而获取本金及两倍收益的赔率则为 3，也就是投进去 1 拿回来 3。赔率就是本金与收益之和再除以本金所得到的倍数。

概率就更好理解了，抛硬币时正反面出现的概率各为 50%。用决策树表示如图 12 - 1 所示。

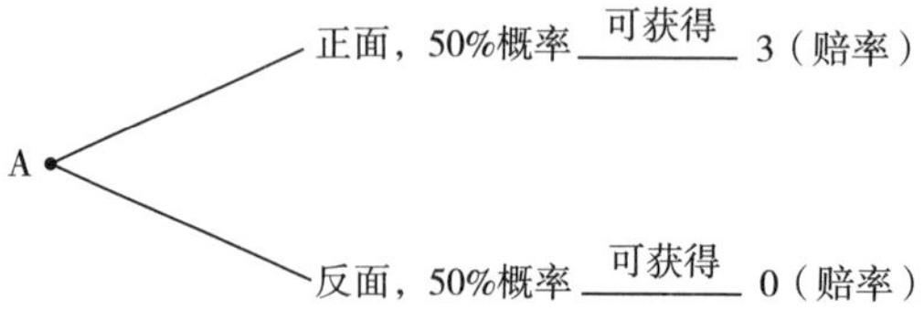

图 12 - 1　抛硬币的概率与赔率

我们把点 A 作为一个决策点，那么它的期望值就是：

$3 \times 50\% + 0 \times 50\% = 1.5 > 1$

期望值大于 1，也就是大于本金，预期可以获得正收益，值得下注。

稍等，你就这样下注了吗？跟你玩游戏的人是谁，他算不出概率和赔率对他不利吗？他为什么愿意输钱给你呢？有句话敲响了警钟：“如果你看不出牌桌上谁是傻瓜，那很可能你就是那个傻瓜。”在投资中，概率的估算是非常困难的，怎么才能知道事件发生的准确概率呢？**很遗憾，投资中的概率既无法准确预测，也无法事后验证**。当一个事件发生之后，没发生的那些可能性事件无影无踪（没发生不代表没有发生的概率），你也无法知道它们的准确概率。

有时你预估错了概率，你觉得值得下注，结果最终赔钱了，这是一笔错误的投资决策！有时你预测的概率与实际情况偏差不大，赔率也合适，值得下注，这是正确的投资决策，但最后小概率事件发生了，你还是赔了！两种情况都是赔钱，怎么把它们区分开呢？

****

再回过头来看前面抛硬币的例子。如果这枚硬币是特制的，它是两种不同密度的金属黏合而成的，又或者里面有空心部分，导致反面比正面重（质点偏移），这时很可能出现图 12 - 2 中的情况。

这时点 A 的预期值变为：

$3 \times 20\% + 0 \times 80\% = 0.6 < 1$

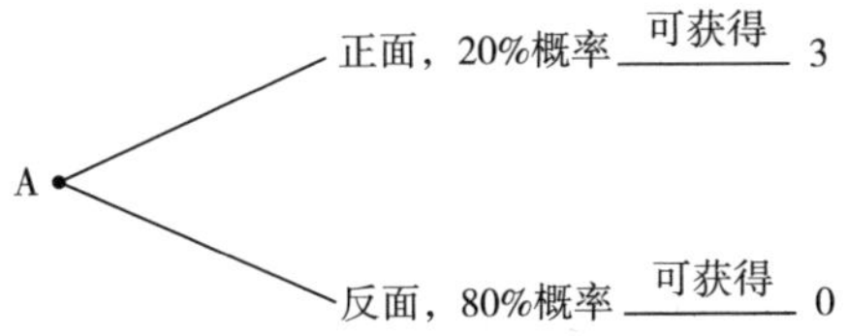

图 12-2　正反面概率不同的抛硬币

期望值小于 1，也就是小于本金，预期会获得负收益，不值得下注。

****

投资实战远比抛硬币复杂。假设某日某港股大涨 30%，巨大的涨幅足以让其上热门，引起众多投资者关注。正当大家纳闷的时候，新闻就爆出实控人正与投行接洽，商议借债将上市公司私有化。新闻稿描述得有声有色，煞有介事，还把“可能的”私有化价格也放出来了——即使已经上涨 30%，距离私有化价格仍有 70% 的获利空间呢！

第二天，投资者兴奋地冲进去押注，成交量大涨，股价却上涨乏力。真让人丈二和尚摸不着头脑，怎么回事呢？再过几天，股价就开始慢慢盘跌了，不久就跌回了上涨前的价位……被套牢的投资者不愿割肉，心有不甘，仍然盼望着一纸私有化公告……直到几天后，实控人表示 12 个月内不会进行私有化……

为何会发生这种情况呢？

很可能投资者错误地估算了概率。且不说这次“可能”的私有化还没发布公告，即便是发布了公告的，也可能被“套路”。投资者给私有化成功估算的概率是 30% 也好，50% 也好，都错得离谱，因为它的概率从一开始就是 0。

你可能觉得这是实控人在“割韭菜”，戏弄中小投资者。这种可能性当然是有的，但其实不需要实控人配合，第三方游资也可做出来。只需要找一个私家侦探，每天跟踪实控人。如果实控人经过银行门口，上去喝了杯水，就可以拍下不少照片。紧接着，先行买入—拉升—放消息—出货。

放出新闻后如果实控人否认，再把照片放出来，出第二拨消息，让你真假难辨。

再比如某只港股突然大涨，紧接着就是铺天盖地的新闻，当晚上市公司确实也发布了公告，说与某国际投行接洽，对方可能有收购或私有化的意图。如果说新闻不靠谱，那上市公司公告总算靠谱了吧？注意这里只是意图，八字还没一撇，这并不是私有化要约——要知道即便进入私有化要约阶段仍有可能被耍一把，因为要约条款里可能暗含了“注定会失败”的伏笔。

假设你仔细研究，会发现几个疑点。首先，公告未发布股价已大涨，说明消息已经泄露。而接洽的对方是国际投行，它处于强监管市场，内幕交易被严厉打击，动不动就被罚几个亿还得锒铛入狱。尽管消息可能不是国际投行泄露的，但在这种情况下，他们还愿意冒着风险把收购或私有化继续进行下去吗？其次，这家港股上市公司主营业务就是持有很多物业收租，而这并不需要特别优秀的经营团队，因此直接收购旗下的收租物业更简单、更方便，根本不用走苛刻的私有化投票程序。那么对方（国际投行）为何要舍近求远呢？①

同样的道理，这里也并不一定是实控人想要“割一把韭菜”。第三方游资只要跟踪实控人，关心他接触了什么人，总能造点事出来——本来的好生意也能被搅黄了。投资者千万不要以“实控人过往人品还不错，没有坑过投资者”为由，就一股脑冲进去。

在弱监管市场，不管发生什么事件，只要是先股价大涨然后再出消息的，我都选择回避。

长期看小概率事件

游戏 1：假设我们用计算机写一个随机函数，输出结果为 0 至 9999 间

① 该笔交易最终告吹，股价跌回深渊。

的任何一个整数。这次没有暗藏“把戏”，每个数字出现的概率都是万分之一。现在的游戏规则是：用计算机输出一万次，所有结果中如果没有数字0，则可获得100%的收益率（赔率为2）。但结果中只要出现一次0，所有收益和本金全赔光。

游戏2：依然是游戏1中的计算机随机函数，这次是输出10万次随机整数。首轮要求你压上全部身家，如果单次输出结果不为0，则可获得10%的收益。下一次下注必须压上之前获得的全部收益及本金。如果某次输出的数字为0，则全部本金及收益归零。

单次结果开0的概率是万分之一，这是一个非常低的概率。这两个游戏会不会稳赢不输呢？我们来看一看：

输出一次数字，该数字不为0的概率是：99.99%

输出两次数字，两次数字都不为0的概率是：

$99.99\% \times 99.99\% = 99.980001\%$；

输出一万次，一万次数字都没有0的概率是：

$(99.99\%)^{10000} \approx 36.786\%$

反过来说，一万次中至少出一次0的概率是：

$1 - 36.786\% = 63.214\%$

如果继续输出结果，十万次中至少出一次0的概率是：

$1 - (99.99\%)^{100000} \approx 99.995\%$

****

我们再来回顾游戏1，它的期望值为：

$2 \times 36.786\% + 0 \times 63.214\% = 0.73572 < 1$（负收益）

游戏1的期望值小于1，不值得押注。

而游戏2中，如果每次押注可以获得10%的收益，由于复利效应，最后的结果将是天文数字！但是，你仍有99.995%的可能会一贫如洗！

让我们牢牢记住下面两条数学规律：

长期看，小概率事件必然会发生。

任何数乘以零，其结果为零。

在实际投资中，要每次押注都获得10%的收益，难于登天——这好比每天抓一个涨停板。假设约4000只股票中有50只涨停，那么抓到涨停板的概率也只有1.25%，远比不上游戏2中99.99%的概率。而连续抓住5个涨停的概率则变成0.000000003%——可见，依靠抓涨停实现财富自由是多难的一件事啊！

我们知道长期资本（LTCM）的故事。1994年，几个诺贝尔经济学奖获得者联合一众“大咖”，在“每平方米智商数最高”的办公室里，开发出套利模型。模型通过债券之间的差价波动赚取收益，虽然每次收益很低，但因为杠杆很大，博弈次数很多，居然在最大单月回撤不超过3%的情况下，获得了40%以上的年化收益！很快基金就被申购者挤爆，不得不限制申购并大比例分红，因为套利的市场容不下太庞大的资金。可惜好景不长，1998年在俄罗斯债务危机的背景下，长期资本也结束了它的表演。

事实上，不仅从长期看小概率事件必然会发生，而且人们还常常低估小概率事件发生的概率。它概率虽然很小，但并没有投资者想象的那么“小”。正如俗语所言：“常在河边走，哪有不湿鞋？”

投资决策除了概率和赢率，还必须加入“时间”这个变量。**时间拉长，复利效应可以帮助投资者获取高额收益；时间拉长，也会增加博弈次数，使小概率事件最终发生。**

概率与仓位管理

再回到前面抛硬币的游戏，我们假定这枚硬币完全没问题，也就是说正反面出现的概率各50%，这时我们的期望值为1.5。期望值大于1的游戏，在概率和赔率没有算错的情况下，只需要不停地下注，收益便会滚滚而来。虽然有时会赔钱，但有时也会赚钱，两相抵后，我们能获得正收益。下注次数越多，结局也越接近理论期望值。

等等，好像还漏了点什么。

如果你每次都全押，那么你可能在第 1 次、第 3 次、第 7 次……运气极好的话在第 100 次，抛出硬币的反面——这时你将一无所有。

满仓单押是危险的，有必要适度分散仓位。投资生涯早期，我也曾经满仓单押。当时我意气风发，没有经历过投资失败。我想大部分仍敢于满仓单押的投资者并不是信心爆棚，而是他们的投资路走得还不够远，还未尝过失败的滋味。

首先，投资者对行业和企业的研究难以做到尽善尽美，总会有一些遗漏。这些“投资盲点”散布犄角旮旯，找出来可不容易，但它足以打破整个投资逻辑。比如某从事私募资产管理的上市公司，在我买入的时点，它之前 10 年的资产管理规模复合增速保持在 40% 左右。由于 PE 投资从购入股权到股权上市平均需要 4 年时间，所以这是一个费用前置而收益后置的生意，规模扩张越快，收益越是不能覆盖成本（这些成本不能资本化），但这只是会计上的费用错配而已，不妨碍它的成长性。除了资产管理业务，上市公司本身还持有很多金融资产，市净率 0.6 倍左右，有足够的安全边际。遗憾的是，在我买入后，它的管理规模增速就开始逐步下降到个位数，费用错配逐步消失后收入仍然不能覆盖成本（唉，投资行业员工薪酬太高了）。投资逻辑也从成长股变成一个带费用、带杠杆的封基（封闭式基金）。

其次，投资者获取的研究资料是有限的、不完整的。本来财报就不可能面面俱到，有些上市公司还遮遮掩掩，搞得人云里雾里；同一行业的各上市公司，披露数据的口径、会计做账方式也会不同；即使你身处上市公司内部，也无法翔实地了解竞争对手的情况……投资本身就是一个获取研究资料，再不断分析、不断证明、不断证伪的过程。这就好像牌桌上总有一张你看不到的底牌，直到最后一刻才亮出来！满仓单押说明投资者把握很高，对成功的概率预估很高。但是在信息不完整的情况下，这是非常危险的。

最后，来自未来的风险无法忽略。投资者获取的资料都是历史数据，投资决策建立在对历史资料分析的基础上，并加入了对未来的预判。世界是发展变化的，每天都有新的变量加入，这可能使事物发展偏离预想的轨道。追求“护城河”也正是为了让投资结果变得可预测，“护城河”是投资者应对未来风险的法宝之一。虽然如此，有“护城河”也并非可以一劳永逸，难保没有被攻破的一天。

****

那么，投资者该如何分配仓位呢？人的精力毕竟有限，“篮子”多了也看不住，过于分散则研究不深。巴菲特曾数次建议分散到 6 只弱相关的投资标的就足够了。为什么是 6，不是 5，不是 7 呢？或许没有特别的理由。我个人更喜欢以 8∶2 或者 9∶1 的比例来分派股票仓位，并始终满仓(长期资金)①。将重点研究过、跟踪过很久、看好的股票作为主仓位，占据 80% ~90% 的仓位，大致是 5 ~ 8 只。剩余的 10% ~20% 的仓位作为次仓位，分派给“一眼低估的胖子”，每只仓位 0.5% ~3% 不等。**总体思路就是，成功概率越大，赔率越大，研究越深，仓位也就越大。主仓位覆盖投资深度，提高投资结果的确定性；而次仓位覆盖投资广度，不断扩充能力圈**。主仓位的股票股价上涨或基本面变差，我会将其慢慢减仓变成次仓位标准，直至清仓。而次仓位中的股票，在理解更深之后（学习是一个渐进的过程)，也可以抓住机会加大仓位，变成主仓位。

关于主仓位，我们做一个简单的测算。假设共 6 只，每只占 15% 的仓

---

① 关于长短期资金的期限配对等其他仓位管理原则，参考《投资第一课》第二章。

位，合计 90%。其中 5 只表现不错，获得 16% 的预期回报；一只看走眼踩雷，股价腰斩认输出局。剩余 10% 的次仓位获得 8% 左右的预期回报（接近指数回报）。最终的期望收益率是：

$$16\% \times (15\% \times 5) + (-50\%) \times 15\% + 8\% \times 10\% = 5.3\%$$

也就是说，在遭遇重大投资失误时，5.3% 的投资收益率还是勉强可以接受的。或许你要问，如果主仓位中有三四只股票暴雷了怎么办？如果在一个年度内，重度研究的主仓位连着踩了三四个雷（注意踩雷认输和股价下跌的区别），最大的可能还是个人投资能力不足。换作我就不折腾仓位了，相信也很难冷静下来，索性清仓闭关，学习，学习，学习，等学好了再继续吧。

关于次仓位，我的投资顺序是：初筛—估值合适—初步研究—买上一点—深入研究—机会合适加大仓位。股票的估值落在狩猎区之后，才会出现在筛选结果里。不管什么股票，在“买上一点”之后我才有重度研究的兴趣。优质股票的股价越是下跌，越让人兴奋。相反，花大量时间研究，股价却突然上涨，还没来得及买入，会让我有一种“干了大把活，老板却不给发工资”的感觉——可气的是连“讨薪”的地方都没有。

可转债申购的概率与赔率

在 A 股市场打新股是一个典型的概率与赔率策略，同时运用了统计套利的原理。因为“新股不败”延续了很多年，所以它看起来比较简单，有新股申购的日子准时去“摸奖”就行——虽然中签的概率小，但新股上市涨幅巨大，破发的概率几乎为零，赔率很高。如果某一天“新股不败”的神话破灭，新股不再可以无脑申购，又会是怎样一幅场景呢？

我们可以看看可转债申购，它也是一个典型的概率与赔率策略。

2017 年下半年，新一轮可转债信用申购拉开序幕。短短两三年时间，新发行的可转债数量超过了之前20多年的总和。最初可转债申购火爆，申购户数很快超过600万。2017年末开始陆续有新转债上市就破发，申购户数急剧下降。转债申购市场起起伏伏好几轮，少的时候申购户数只有3万多户，多的时候超过800万户。新转债上市折溢价情况（相比转股价）也时高时低，高涨的时候市场上没有低于100元的转债（哪怕转股价值再低）；低迷的时候能看到大把70多元、80多元的转债①。

掌握概率和赔率思想后，可转债申购就是一道“送钱题”。

从可转债申购到上市需3～4周时间（下称“等候期”），申购日决策，等候期正股波动，上市日输出结果。就像玩扑克牌一样，我们可以观察牌桌上已出的牌面，用以判断概率和赔率。经过观察，我们可以得到以下信息：

观察1：通过A股上百只个股的历史K线，发现多数个股（也包括各类指数）很难出现跌幅超10%的月K线，哪怕是跌去八成市值的个股，也是慢慢阴跌。月跌幅超10%大多出现在暴雷的个股，以及疯狂的牛市（即将转熊）中。这或许因为“割肉”是一个痛苦又缓慢的过程，又或者极速下跌必有反弹。这条观察归入统计范畴，找不出原因，只能拿来预估概率，我们先将“等候期的正股跌幅大于10%”设为小概率事件。保险起见，每只转债申购前，我们都观察它的历史月K线，得出的结果也大抵如此。

观察2：可转债转股价格由上市公司确定，且不低于募集说明书公告日前20个交易日公司股票交易均价②和前一个交易日公司股票交易均价。说白了就是不低于前一交易日均价和20日均线值。**这一条款导致了一个有意思的现象**：当个股处于下跌通道时，当前股价会低于20日均线。如果低得太多，就会造成申购日转股价值过低，而这增大了募集失败概率（申购

① 最低迷的时候出现了95元左右的折价转债（转股价值高于95元）。

② 若在该20个交易日内发生过因除权、除息引起股价调整的情形，则对调整前交易日的交易价按经过相应除权、除息调整后的价格计算。

的人少，弃购量大，导致募集失败①）。为了避免募集失败，这时有两种选择：要么推迟发售，要么提高转债利率。一般而言，多数上市公司选择推迟发售，这就使得**行情不好时转债发行少，行情稳定或上涨时转债发行多**。此外，如果上市公司选择提高转债利率，那么即便转股价值很低，也可能使其上市后的价格维持在100元面值之上。无论上市公司作出哪一种选择，都无形中提高了投资者转债申购获利的概率。

观察3：在可转债申购当日，我们可以看到手中的牌：转股价值、到期债性收益（利率条件）、信用评级、转股价下调条款、回售条款、总期限。它们的重要性从前往后依次降低。接下来就是看桌面上的牌，我们可以观察到市场上同类条件的转债大致是什么价格（重点观察溢价率水平）。

****

以上观测结果是确定的，而不确定的是正股在3～4周等候期的涨跌幅。因为股票短期波动难以预测，我们先假设它涨跌概率各50%。可转债有一个重要特点，它既有正股的股性，又有债性保护。**当可转债的转股价值在100元附近时，正股上涨10%和下跌10%，对可转债价格的影响幅度是不同的**。这是转债申购博弈最重要的基础。

如果等候期正股上涨10%，转股价值110元，大多数时候可转债价格会开在110元以上，享有溢价。此时转债价值＝转股价值＋看跌期权，溢价部分为看跌期权的价值。

如果等候期正股下跌10%，转股价值为90元，大多数时候可转债价格会开在95元以上，甚至100元以上，仍是享有溢价。此时转债价值比较复杂，它可以看作转股价值＋看跌期权，溢价部分同样是看跌期权的价

① 从2017年至今（2020年9月30日），还没有发行失败的可转债。弃购量大的可转债被承销券商包销了。可转债行情低迷时，券商多建议采用“网下＋网上”结合申购的方式发行。网下申购虽增加券商工作量，但须缴纳保证金，这降低了弃购量。

值。它也可能受债性保护，可以看作债券价值 + 看涨期权。有一部分转股价值只有 70 多元、80 多元的转债，交易价格可以在 100 元面值之上，就是因为它们给出的利率较高，转债的债券价值高。

以上分析主要说明了在涨跌概率相同的情况下，正股上涨给转债申购带来的盈利高于其下跌带来的亏损，它是期望值大于 1 的博弈。虽然单次结果可能亏钱，但反复参与博弈后盈亏相抵，得到的投资结果也会逐渐接近期望值，由此获得正收益。除此之外，摩擦成本是必要的考量因素，所幸转债交易的费率非常低，没有印花税，佣金率可低至百万分之五。

****

涨跌各 50% 的概率预估并不符合所有情况，因为在牛市氛围中，个股的上涨概率大于 50%（短期），熊市氛围中则小于 50%（短期），只有振荡市 50% 的概率预估才贴合实际。好在观察 2 中所提到的现象，帮助我们过滤了一大半亏钱的概率事件。在牛市氛围中，正股上涨带动转债上市高开，自然是赚钱的，这里就不赘述了。我们来看看熊市氛围中的情况。

可转债从发布募集说明书到申购日，还有数日时间。这期间的正股波动会使在申购日转债的转股价值就已经偏离 100 元。因为在申购日当天任何时段发起申购指令，申购效果都一样，所以熊市氛围下尽量选择尾盘申购，比如 14 点 55 分，这样可以极大过滤申购当日的正股波动。

我们来看看不同条件下如何作出申购决策：

条件 1：待申购转债的转股价值在 100 元以上，比如 102 元。此时我们观察到相似条件（主要参考行业、利率、信用评级）的某转债价格为 99.5 元，而其转股价值为 90 元。这种情况下申购的获利概率较大，申购转债拥有约 12% 的价格保护垫（安全边际），宜选择申购。可能导致亏钱的情况：在等候期正股下跌 12% 左右，转债转股价值跌到 90 元，转债上市可能开出 99.5 元左右，亏损约 0.5%。哪怕等候期正股下跌只有 8%，也能赚到钱，因为从观察 1 我们知道，3～4 周时间正股下跌幅度超过 10%是较小概率的事件。当然，这里还有一项潜在风险，就是在等候期整个转债市场的热度下降（整体溢价率水平下降）。在申购日做决策时，我们假设了这个溢价率水平在未来的三四周是不变的，又或者假设了溢价率水平上升和下降的概率各占一半——跟正股股价波动一样，这也是难以预测的事件。

条件 2：待申购转债的转股价值在 100 元以下，比如 90 元。此时我们观察到相似条件的某转债价格为 99.5 元，而其转股价值为 95 元。显然此时保护垫是 -5%左右，为负值，应该放弃申购！

条件 3：介于条件 1 和条件 2 之间的，盈亏期望值接近 1 的，被称作“鸡肋”，视个人喜好决定是否参与。

****

可转债申购有一个特点，热度高时很难亏损，转债整体溢价率高，但申购户数多，导致中签率很低。同样道理，冷清时转债上市容易破发，转债整体溢价率低甚至折价，申购户数少，导致中签率很高。所以真正决定总收益的是在转债冷清时，这时要特别认真对待，这才是考验水平的时候，毕竟行情好的时候只要闭眼申购就行。

这样你就得考虑一个问题：会不会赢钱的转债中签少（有时一个月都只能中一两签），亏钱的转债中签一大把（最多的时候一户缴款 1 万多元，理论上可以 100 万全中），最后导致亏损呢？

按照现行规定，转债和新股的信用申购在每连续 12 个月出现 3 次弃缴款行为，将失去申购资格 6 个月。也就是说，每连续 12 个月有两次“黄牌”机会。

另外，即便是在转债极度低迷时期，也只有申购日决策条件非常差的转债（明眼人都不会去申购），才会出现这种大额中签的情况。如果你认真决策，是可以避免的。如果申购日决策条件还可以，但正股在申购日至交款日期间出现了大跌（2 个交易日），这种情况下即使可能有很多人弃缴款，仍然不会出现你自己大幅中签的情况，因为时间上中签在前，中签率已经敲定，而弃缴款在后。

最后，这种大额中签出现的次数极少。每当行情低迷到一定程度，往往可转债就停发了（申购少，券商包销风险高，发不出来）。所以你只需要避开少数几次“危险时刻”就行。

关于可转债申购的第三层次思维

在转债申购铁定赚钱的行情中“薅羊毛”，是投资者的第一层次思维。在转债申购可赚可赔的行情中，依据牌面的概率和赔率下注，是投资者的第二层次思维。那么问题来了，还有没有更高层次思维呢？

再回味一下，当大多数投资者都战战兢兢、不敢申购转债时，聪明的投资者该干什么呢？正是因为正股“跌跌不休”，才让人们失去对股价上涨的期望，导致可转债溢价率低（会出现 100 元以下的折价转债）。而股价跌多了，股票市场的整体估值自然也就变低了。到这个时候，就别再想申不申购的事了，直接上场挑选已上市的“双低一好”转债吧！“双低一好”指的是：可转债价格低、溢价率低、正股质量好。

前面我们讨论过，除了概率和赔率以外，还需要考虑时间这个变量。在时间这个变量轴上，正股的股价时涨时跌，转债的溢价率也时高时低，关键是这两者常常是同向叠加的。换句话说，行情低迷时转债溢价率低（甚至为负），正股估值也低，当行情转好时便可以迎来“双击”。除此之外，在持有期间还可能获得“下调转股价”的意外收获①。

---

① 这是投资可转债的一个优势，下调转股价提升了可转债的转股价值。投资可转债还有手续费低廉、无印花税、可 T+0 交易、相比正股多出一块债券利息、无股息税（转股价随正股派息除权而下调）等优势。详细内容参见《理财不用懂太多》第十四章。

在前作《理财不用懂太多》中，还介绍了数种可转债的轮动策略。其中一条是：如果正股股价不断下跌，因为可转债具有债性保护，所以跌幅会趋小，到一定时候会呈现纯债性，不再跟随正股下跌，投资者可以将手中的转债轮动到溢价率更低的其他转债，这样当行情好转时就可以先行上涨。

比如，某只转债A的转股价值为70元左右，转债价格为80元左右。当其正股继续下跌后，转股价值变成60元，此时由于转债的债性保护，价格仍然是80元左右。我们可以考虑将其轮换为另一只“转股价值70元左右，转债价格80元左右”的转债B，这相当于避开了这一段正股的下跌。待行情好转时，假设A和B的正股都上涨15%左右，两者的转股价值分别变为69元和80.5元左右。如果一直持有转债A，此时可能仍然在原地踏步，而转债B则可能已经上涨并贡献正收益。

第十三章

投资“避雷”指南

在投资过程中，我们难免碰到一些“雷”，前面的章节已有所讨论。与单纯的股价下跌不同，投资中“踩雷”可能带来本金的永久性损失。本章我们集中归纳，看看还有哪些投资的“雷”，希望可以帮助读者规避。

其中有些“雷”是我用真金白银换回来的，交了不少学费。投资不像许多其他行业，他们的经验可能变得一文不值，比如IT业就经常更新换代。投资的经验很值钱且可以累加，还可以通过他人的经验实现“免交学费”。

财务粉饰和造假的动机

会计报表只是记录企业运行的一种方法，不管怎么记账都不会改变企业的真实运营情况。财报应当尽可能准确地反映企业当期经营情况。财务粉饰主要是营收和利润等科目在时间轴上的腾挪，比如应收账款的坏账准备、折旧政策、利息及研发等费用资本化，等等。而财务造假则更多是“无中生有”，比如虚构的合同和客户，虚假的经营活动（营业收入），压根不存在的现金、固定资产或存货，等等。

投资者对财务造假深恶痛绝，但遗憾的是，他们对财务粉饰没有足够的警惕心。更有甚者，许多投资者为能看穿上市公司的财务腾挪术而感到光荣，好似这一技能使他们高出普通投资者一筹。诸如“藏利润”之类的词语，多少会令我有点不适，这难道是一家优质公司该有的行为吗？相对应地，许多企业的经营者对于财务粉饰也不存在道德上的心理障碍，仿佛这些都是理所当然的——或许因为平滑的利润曲线，对管理层和投资者来说，皆大欢喜。

企业之所以有动力对财报打歪主意，必定是它的控制者有动机这么做。出于以下动机，企业控制者有动力去“美化”财报：

（1）**实控人、大股东或管理层有套现需求**。既然是想套现，自然有动机把财报打扮得美美的，这样才能卖个好价钱。轻微的是财务粉饰，过火一点就是财务造假。很多次新股在解禁期过后，各路人马就开始密集减持。减持前财报亮眼，减持后财报“变脸”。

（2）实控人或大股东**质押比例很高**，为了防止爆仓，需要调节财务报表，表现出良好的经营状态。

（3）实控人或大股东**掏空上市公司**，常见的手段有挪用现金、收并购、关联交易等。财务造假主要是为了拖延东窗事发的时间。

（4）实现**实控人或管理层自己的利益**，比如满足股权激励条件等。

（5）**上市公司需要通过股权再融资来续命**。

（6）上市公司债务压顶，**为了避免抽贷，或为了拿到更好的借款条件**，因此选择欺瞒债权人。

（7）**避免被**“ST”、**被退市**等。

****

出于以下目的，控制者有动力去“丑化”财报：

（1）**逃税、漏税**。

（2）**新管理层上任**，财务“洗澡”，把责任丢给上一任。

（3）**控制者有低价私有化意愿、低价增持意愿（包括配发新股增持）、低价发大量期权意愿**。

****

投资者研究“成长股”时，要特别小心财务“美化”。根据以上的动机分析，投资者可以考虑避开这些雷区：**被密集减持的股票、大股东质押比例很高的股票、频繁股权再融资的股票、高负债率的股票，**等等。虽然这可能会让你错过一些机会，但更多的是可以避免“踩雷”。

投资者研究“价值股”时，要特别小心财务“丑化”。这种“丑化”

行为在估值偏低的股票市场（比如港股），对投资者的伤害更大。比较难办的是，投资者很难事先找出蛛丝马迹，因为这依赖于企业控制者的人品。**对于过往出过人品问题的，我一股脑选择“拉黑”，不要指望与“坏人”一起愉快地赚钱**。我曾阅读过一份非周期行业的财报，除了疲软的财务表现，管理层还在经营描述部分反复表达悲观的情绪，而且对整个行业都不看好，这让人非常意外。此后该股的股价一路东南飞（下跌），大股东得以在低位大量增持，接着分拆子公司上市，再大幅派息回馈股东（包括大股东自己）。另外有一家上市公司，毫无征兆地发布盈利警告，核销了大量商誉，并更改了会计政策，使业绩大幅下降。实际上这些会计把戏，并不影响企业的运营，但股价应声下跌。接着，控制者就趁着低股价给自己和管理团队授出了大量的股权激励。

不管是财务粉饰还是财务造假，不管在方向上是财务美化还是财务丑化，都会对中小投资者造成伤害。尤其是财务丑化类的行为：投资者逆流而上，顶着所有人的偏见寻找被市场抛弃的低估品种，常常在买入后还得继续承受股价下跌的后果。支撑投资者坚持下去的，是对价值投资的信仰和对企业发展的看好。但这两者都在财务丑化后被严重打击，对投资者来说，这是对心灵和金钱的双重打击。

重点关注资产负债表

财务粉饰也好，财务造假也罢，净利润都是毋庸置疑的重灾区，其次是营业收入。反映在利润表中，通常的做法就是虚增收入、少计费用和少提减值，但这些不通过实地调研，仅凭报表很难看出端倪。投资者可以观察上市公司在行业中的地位，横向对比其毛利率、净利率和总资本收益率（ROA）。**如果其毛利率、净利率或总资本收益率比更具优势地位的竞争对手还高，通常是不符合常识的**。

我们知道财务会计的钩稽关系，利润表描述的是过程（某一阶段的视频），资产负债表描述的是节点（某一时点的照片）。企业在给经营成果“拍视频”的时候，在节点时刻也会被“拍到照片”。既然利润表上虚增了净利润，为了维持资产负债表平衡，**无外乎采用三种处理方法：要么虚增资产，要么少计负债，要么减少其他综合收益**。

****

虚增资产是最常见的做法。既然净利润是假的，那么增加的总资产也必定是假的，所以是虚增。在一个经营周期里，各种生产资料周转一轮之后，理论上获得的净利润应当是现金。但实际操作中它也可能构建成了其他资产，比如没收到款就是应收账款；又比如投入下一轮生产需要购买的生产资料，就变成了存货。翻开上市公司的资产负债表，投资者能看到的每一个会计科目，都有可能被虚增。以下是常见的几种：

（1）**现金和类现金**。它们包括现金、存款（包括限制性存款）、银行理财产品等。会计处理时，现金及存款被归入“货币资金”，而银行理财产品被归入“交易性金融资产”。因为资产负债表是节点照，它只反映在财报末期节点的现金和类现金。两张财报之间的大部分时间，又是怎样一番景象呢？这一点财报并没有披露。造假的企业会在财报节点，通过短期过桥拆借将资金暂时补回，以躲避审计。通常情况下，企业不会保有大量现金，这样保管难度较大。所以我们可以将期初和期末的货币资金（大部分是存款），与期间收到的存款利息做比较，如果与市场利率差距较大则需要警惕。

“现金雷”分两种情况：一种是过往的利润本身就是伪造的，所以虚增的现金也是不存在的。这种情况下，比较明显的漏洞是“大存大贷”，因为这不符合常识。一只手握着大把现金，另一只手却借了大把钱，难道借款利息偿还起来不肉疼？另一种情况是资金本来是真实存在的，但被大股东挪用了，比如拿去搞房地产开发，炒股票炒期货等。大股东除了上市公司，还有其他多元化产业，资金一旦投出去，要收回来可并不容易，也可能早就赔光了。

（2）**存货**。既然是并不存在的存货（虚增），那么总有一天要露出马脚。要么“东窗事发”，要么“毁尸灭迹”。毁尸灭迹的方式通常是仓库起火之类，把本不存在的存货给烧掉，这种做法古时就有。另外，投资者对农林渔牧行业也需要打起十二分精神，因为存货和生物资产都是活物，一不小心就病死了、冻死了、饿死了、游走了。

另外像房地产行业，通常会剩下一部分存货销售缓慢，甚至交房很多年都未售罄，比如郊区盘或三四线以下城市楼盘的车位、社区底商以及商务会所等。因此土地等成本怎么分摊，对前期结算的利润率影响很大①。如果车位分摊土地成本，则前期结算时利润率会更高，反之类同。对于房地产行业，投资者要特别小心已完工存货越积越多、超过销售增速的情况，因为账面利润不是已收回的现金，而是卖不出去的车位、社区底商、商务会所。

（3）**应收账款**（也包括应收票据）。正常经营产生的应收账款大部分是可以回收的，小部分变成坏账。但如果是与大股东有关的关联公司，那么再多的应收账款也可能收不回。因为净利润本身就是假的，所以这些应收账款也是假的，关联公司也多是皮包公司，压根就没有还款能力。

（4）**其他应收款**。与营收有关的被计入应收账款，与营收无关的则被计入其他应收款。其他应收款包括合作方经营往来款、员工借支等。多数成熟的投资者都会重点关注应收账款，这也是审计师核查的重点，所以其他应收款变成了财报造假的“替代方案”。如果投资者在财报附注里发现上市公司借支给与主营业务完全无关的公司，则需要格外小心。

---

① 不管成本怎么分摊，都可以自圆其说，算不上造假。

（5）**预付账款**。应收账款是与下游客户的资金联系，而预付账款则是与上游供应商的资金联系，通常是存货、在建工程、固定资产的前期。与应收账款类似，预付账款也可能与大股东的皮包关联企业有关。

（6）**固定资产**。若非记者实地调研，谁能想到某上市公司位于国外的研发中心，竟然是一家酒店？

（7）**在建工程**。在建工程是一个与固定资产类似的会计科目。在建工程在完工并投入使用后，就变成了固定资产。既然固定资产可以虚增，那么在建工程同样也可以。此外，固定资产每年都要计提折旧，这将减少利润，而在建工程不需要计提折旧。基于“你懂的”原因，虚增在建工程、在建工程迟迟不转固定资产，也成为财务造假者的常用手段。

（8）**商誉及无形资产**。在本章的后文将详细讨论。另外，因为土地使用权被归入无形资产，常有上市公司在荒山、林地上虚增无形资产。

（9）**长期待摊费用**。把应计入当期的费用摊销到长期（通常为 3 年），多数情况算财务粉饰，未达到财务造假级别。

资产负债表上某一个或多个科目“肿大”，都应当引起投资者重视。我们可以通过横向和纵向对比两种方式来排雷。横向主要指与同行业上市公司进行对比，比如对比各家上市公司的“存货/总资产”“应收账款/总资产”等。**任何一项资产的比例远高于同行，都应当引起重视**。纵向对比，主要指同一家上市公司在时间轴上的对比，比如存货增速、应收账款增速等与营业收入增速对比，**任何资产的增速远高于营收增速，都应当引起重视**。

****

相对虚增资产来说，要将本来就存在的负债虚减掉是很困难的，也容易被审计发现。但企业可以在负债形成的过程中，不入账或少入账，达到少计负债的目的。

例如：上市公司可以给大股东的关联公司或第三方公司担保，让这些公司拿到借款，再让它们与自己发生业务往来。这些借款其实就是上市公司借的，只不过通过一些手段把它绕出了“体外”。

某上市公司，在“出事”以后才爆出来许多隐藏负债，把潜在并购者都吓退了。其中一笔超过10亿元的借款，公司辩称是员工私自借的，公司并不知情。有趣的是，这笔借款被用到了公司的业务当中，员工并没有挪为己用。试想下：这名员工得有多高的“觉悟”才会做出这种行为？

少计负债这种情况，对于外部投资者来说很难辨认，因为信息不对称，手中的资料远远不够。

****

许多投资者把关注重点给了净利润，却忘记查看其他综合收益，这可能是一个“漏油点”，特别是对外股权投资较多的上市公司。如果一家上市公司连年都有不错的净利润，股东权益却始终原地踏步，这时记得去查看一下派息比例和其他综合收益。对外投资型的上市公司，旗下股权资产分布于各个科目，错综复杂。其中很多浮盈浮亏并没有计入净利润，而是计入了其他综合收益。因为有的股权资产没有活跃报价，必须依据上市公司聘请的第三方给出估值，这就存在较大的操作空间。此外，汇兑损益也常常被列入其他综合收益中。

收并购陷阱

前面章节我们提到过一种增长的方法，即上市公司进行高估值的股权再融资，再拿融到的钱去收购估值稍低的企业。这样成长效果好，而摊薄效应小。难点在于：一旦上市公司的高估值不能维持，游戏就玩不下去了。

那么反过来呢，会不会有低估值的上市公司，去收购高估值的资产？

你别说，还真有，而且不少见！**这属于资本配置不合理，因为它远不如回购自身股票来得划算**。2020 年 9 月，某上市公司发布公告，拟耗费巨资收购大股东资产。当时该上市公司港股对应的市净率低于 0.4 倍，而收购的资产作价却不会低于账面净资产——次日其港股股价就下跌超过 10%。

还有一些收并购远不止资本配置不合理，它们明摆着就是要占中小股东便宜，甚至掏空上市公司。上市公司花的是真金白银，这是确定的。收购的企业质量不一，这是不确定的。私底下会不会有利益回流给大股东或关联人士，也是不确定的。这就像资产负债表，每一笔负债都是实打实的，但资产的价值是不确定的。

对于频繁收并购的上市公司，我更倾向于躲得远远的。**一笔好的投资不需要投资者频繁作出决策，强大的竞争优势会保障它行驶得又稳又远**。而频繁的收并购不仅让管理层不断面临决策，也让背后的中小股东不断面临决策。经过一次失败的投资经历之后，我不再寄希望于二次投资——也就是那类你投资的企业，它的主业是投资其他企业。要挑选一只好股票已非易事，而挑选一名好的投资者更难，毕竟像伯克希尔这样成功的投资型企业太少了。

曾经有一只游戏股进入我的狩猎区（估值合适），进一步研究以后发现其收并购太频繁，每次收并购都是一大摞资料，这需要耗费我大量精力，太不划算。这些收并购资料虽多，但信息仍是极不完整的，这会削弱投资的确定性。于是我果断选择了放弃。几年后再回头看，这只股票已经被“＊ST”，股价也已经被“膝盖斩”。

收并购发生时，被收购企业可以进行价值重估。如果收购价仍超出重估后的价值，超出部分被记为商誉。打个比方，一家原账面价值 10 亿元的企业，重估后价值 12 亿元，最后以 15 亿元的价格被收购，那么商誉部分就是 3 亿元。至于重估增值的这 2 亿元，常常被记为无形资产。这是因为：除了房地产和金融资产以外，其他诸如固定资产、存货、应收账款等，很难产生增值。所以增值常常被挂在无形资产这个会计科目。无形资产增值部分，主要有客户关系、销售网络等比较“务虚”的子科目。所以，**我们在关注资产负债表中商誉的同时，也要留意无形资产是否“肿大”**。其实这两者都是收并购的溢价部分，只不过会计处理手法不一样而已。无形资产需要逐年摊销，每年都会形成一定成本，压制净利润。而商誉则可以不进行摊销，但它可能在某个时点突然来个大幅减值。更高明的手法是，只收购但不并表①，这样投资者既看不到商誉也看不到无形资产，它在财报中体现为长期股权投资——里头什么都有，糅在一起难分好坏。

以股代息的陷阱

一些港股上市公司在分派股息时，提供以股代息的选择项。通过前面的章节我们知道，低 PB、低 ROE 且成长性差的股票，必须高分红才能获得较好的投资回报。但如果此时实行以股代息，等于在派息的同时低价供股。如果你选择现金而大股东始终选择以股代息，那么你的权益将逐渐被摊薄，分红也会一年比一年少。

“老千股”陷阱

港股有一种被称为“老千股”的股票，搭配“向下炒”，让许多中小投资者血本无归。**如果你发现某只股票的长期 K 线一直是下跌的，股本不断增加，又经常有合股的动作，就得打起十二分精神**。

有时“老千股”看上去特别低估，但别心急，它还会更低估——**这类低估并不是市场非理性，而是来源于非控制权折价**。即使是很低估的股

① 只收购部分股权，或者找人代持部分股份并委托投票权，因此不纳入合并报表范围。

价，“老千股”的实控人或大股东仍然会卖出股票，而后做低业绩，释放利空消息，打压股价，以便自己在更低的位置增持，又或者配股。通常“老千股”都吝于分红，股价又“跌跌不休”，使中小投资者遭遇双重打击。在配股时，参与配股的大股东或实控人相当于在很低的价位一次性大笔增持。反观中小投资者，如果他们不参与配股，则相当于被动接受摊薄；而如果参与配股，那么投入上市公司的资金又被大股东或实控人控制，供他们挥霍——这简直就是第三重打击！

别人家的院墙

在港股市场有一些股票看起来非常低估：资产大幅折价，市盈率非常低，公司管理也没有难度，比如许多商业收租类型的上市公司。在已经极度低估的情况下，它们的股价可以一直趴着，甚至继续下跌。日复一日，年复一年，仿佛永远看不到阳光。

但是，大股东或实控人同时也是公司的管理层，他们除了领高薪，吃喝拉撒的费用也都放在上市公司。虽然没有“出千”的动作，但上市公司同样吝于派息。公司净利润非常稳定，但成长性不高，大股东或实控人没什么发展的野心，更不关心股价，公司更像是他们的养老院。中小股东买入股票后，享受不到上市公司的回报，这仿佛是别人家的院墙，不见果实只闻花香。

看到这里，或许你就能明白为什么**港股市场比较看中稳定的派息政策和股息率**。

私有化风险

在港股市场经常能碰到私有化。短期看私有化可以拉升股价，一定程度促进价值回归。一般而言，私有化的价格距离股票的实际价值仍有一些距离。如果无利可图，大股东（或第三方）也就不会选择私有化。对长期持股的中小股东而言，私有化是一场“长恋”的终结。这就好比打扑克，玩了几局之后赢家就宣布不玩了，这时输家就失去了翻盘机会，变成了永远的输家。例如，一只价值 20 元的股票你 12 元买入，但股价仍跌至 5 元，最后 8 元被私有化。

对长期股东而言，这是一项潜在的风险！这里再一次说明为什么会有非控制权折价：在股价高企时，上市公司控制者可以选择高估值配股；在股价低迷时，控制者可以选择私有化。控制者有出牌的主动权，他们会选择对自己有利的动作。他们不会选择在泡沫时去私有化。相对而言，中小股东无法主动出牌，只能选择要牌或者不要牌。尽管部分小股东不愿意接受私有化，但私有化仍然可能被其他中小股东投票通过。

****

另一种情况是在私有化方案公布后，投资者以“套利”为目的参与其中。关于这种情况的一些陷阱，我们在上一章已经有所提及。私有化套利是那种成功能拿到 1 元钱，失败则要损失 9 元钱的游戏。换句话说，九次成功只能扛住一次失败。在这个游戏里，经验主义是最要命的。因为当你积累了九次成功的经验，自信心爆棚并逐步加大套利仓位后，此时往往“例外”就来了。

在不可撤销的私有化收购要约发出前，任何一天都有可能宣布私有化告吹，这甚至不需要给出理由——出不出牌，怎么出牌，完全掌握在控制者手中。在写本章内容前，我才刚刚经历了一场失败的私有化套利，它还未进入投票阶段就提前宣告结束。股价一天跌了 1/4，甚至比几个月前私有化信息发布前还低 20%。或许是我低估了失败的概率，或许是小概率事件不幸凑巧发生了，总之最后的结果就是这么难堪。此前我研究的蛛丝马迹再翔实（企业性质、管理层履历等），私有化铁定能成的理由再充分

（私有化动机、后续产能建设的再融资需求、同行业其他上市公司的私有化行为等），退出方案再“聪明”（大股东出价后就卖出，不等投票），在最后结果面前都显得苍白无力。

在不可撤销的私有化收购要约发出后，主要的风险集中在投票结果上。对于套利者来说，如果投票成功可能赚到不多于10个点的收益，如果失败则可能损失一半本金。对于控制者来说，成功可以低价收购资产，失败则也只花费一些投行咨询经费而已。这正是典型的“正面他赢，反面你输”。

****

在A股市场，因为估值较高，所以少有私有化的案例。但是A股有很多要约收购案例，这通常是大股东或第三方触发了要约收购义务（全面要约），或者是大股东或第三方有增持意愿（部分要约）。这个游戏又是另一种玩法，**主要区别是它不以上市公司退市为目的**。这其中有一个陷阱，或者说幻觉，就是总有投资者认为“庄家”会有所作为，比如会“有一股神奇的力量”托住股价，让其不会跌破要约价之类。

在A股市场，**全面要约的风险有**：要约在达到“不可撤销条件”前，随时可能被撤销；而达到“不可撤销条件”之后，股价超过要约价，又变得无利可图。**部分要约的风险有**：要约发出后股价会上涨，而要约完成后（不管成功还是失败）股价会下跌——接受要约的比例是最大的不确定性，这是一道概率算术题。另外，部分券商的要约手续费远高于普通交易，在套利空间很小的情况下，投资者可能没有留意费用情况，变成给券商“打工”。

金融资产“黑箱”

金融类上市公司，包括银行、保险、券商、信托、融资租赁等，都有一个共同点，就是**金融资产难以穿透，外部投资者不知道里面的东西是好**

是坏。这有点像“薛定谔的猫”，在箱子打开前，你不知道猫是死是活。不同的是，金融“黑箱”在未打开时，人们都假设猫是活的；金融“黑箱”一旦打开（已暴雷），猫必定是死的！事实上，只要时间足够长，猫一定会死，金融“黑箱”也总会有暴雷的那天。

某企业曾传出其债务出现兑付危机，公司的回应里有一句话：“十多年来公司所有的票据和债务没有一笔违约。”其他内容暂且不谈，单看这一句辩解是苍白无力的。金融市场上不会给予太多重来的机会，哪怕之前一百年都没有违约，也不代表今天就不会违约。而哪怕仅仅一次违约，都可能压垮整个“骆驼”。巴菲特曾说：“只要不干傻事，银行就是一门好生意。”可问题是，干没干傻事被藏在金融“黑箱”里，外部投资者不知道。更何况，**过去没干傻事，今天没干傻事，不代表明天不会干傻事**。曾经，一位欧洲的金融交易员就能造成数百亿欧元的损失，让一家国际投行濒临倒闭。即使被巴菲特深度信任的富国银行，也在2016年传出假账丑闻，导致投资者损失惨重。2020年，伯克希尔更是对银行股大幅减仓。

最后，金融“黑箱”搭配高杠杆是一个尴尬的存在，这意味着一个小错误也能被成倍放大，让股东血本无归。金融行业的救助方案，往往使金融企业可以存续，但老股东却已经被洗牌出局。

当然，这并不意味着金融类上市公司都不适合被投资，有风险不代表风险事件一定会在投资者持股期间发生。但我衷心建议：不要全仓一只金融股，更不要上杠杆去“博”金融股。毕竟金融业发生过太多的“六西格玛”事件，三十年一遇也能变成“两周四遇”①，都快让人习以为常了。

---

① 2020年3月，美股在两周内四次熔断。美股在1987年推出熔断机制后，此前只在1997年熔断过一次。而2020年4月20日，纽约期货交易所5月原油期货更是跌成负值，前所未有。

学以致用，永无止境

在本书初稿完成后，2020 年第四季度，一连串债务违约事件冲击了资本市场，某只可转债也随即暴跌。会不会是市场反应过度？这是机会吗？我翻看该上市公司的财报：发现其 2013 年末预付账款才 1 亿多元，但 2019 年末已经超过了 200 亿元，已经超过了它这些年所有的净利润之和。

我们知道，企业赚取的净利润终会体现在资产负债表上：要么用于分红回报投资者（减少股东权益），要么用于偿还债务（减少负债），而更多时候则是变成某一种资产堆积在账面（增加资产）。超过 200 亿元的预付账款堆积在账面，即便没有猫腻，也算不上优质资产。

疑者不用，避开它！

许多东西，在我的大脑里隐隐“知道”，却总是“遗漏”。写书于我而言，是投资旅途中的总结。本书完稿后，我在研究投资标的时，总要习惯性地逐年对比上市公司的资产负债表，看看钱从哪里来，再看看利润都堆积到哪儿去了。

前段时间我翻阅了 5 年前出版的《投资第一课》，不免觉得有些青涩。这或许是好现象，至少这 5 年间我有了些许进步。

5 年后再回看《投资进阶课》，不知会有什么感受？

后　记

书已写完，意犹未尽。出版社的老师建议增加一个“后记”，聊一聊我这些年的投资。

很多时候，投资成功源自运气而非实力，但运气和实力很难区分。以长城汽车 H 股为例，2017 年我投资它的时候，WEY 品牌刚刚发布，品牌宣传得火热，销量也逐步上升。但好景不长，整个汽车行业迎来寒冬，我在 10 港元多微利出局。同样是 SUV 新品发布，长城汽车当时的股价涨幅就远比不上吉利汽车。后来，汽车股如预料之中盈利下降，长城汽车 H 股的股价也逐步盘跌到 4 港元左右。2020 年，据说是新冠肺炎疫情让更多人意识到公共交通对疾病传播的威胁（疫情之下，需要一台车），也可能是火爆的新能源车概念带动了传统汽车股，又或许是长城汽车发布了多款新车。不管怎样，即便长城汽车短期的业绩难以达到 2016 年的高峰，但其 H 股股价在短短半年内从 4 港元冲上了 30 港元。30 港元的长城汽车，和半年前 4 港元的长城汽车相比，究竟有多大的差别呢？

另一个例子：我 2020 年 9 月参与了中广核新能源港股私有化套利。尽管我事前做了很多准备工作，对各种可能的情况都有预判，也并没有打算吃“鱼尾”——计划是私有化报价出来后就获利了结，我不会等投票通过。但是，不利的小概率事件最终发生了，私有化连报价都没出就直接宣布告终，股价两天内从 1.33 港元重挫到最低 0.91 港元。后续的故事是，三个半月后的今天，就在我写本书的后记时，其股价刚刚在盘中冲破2港元。2港元的中广核新能源，和三个半月前0.91港元的它相比，究竟有多大的改变？无非风动而已，就让我在风口多凉快一会儿吧！

我只是一个普通的草根投资者，本书也只是我这5年对投资更进一步的思考——只是一个脚丫印。读者须知晓，接下来我要说的投资经历，可能更多地来自运气。

我于2007年“5·30”① 前一日入市，第一堂投资课就是风险教育。幸于此，我初入市就选择了价值投资，少走了许多弯路。2012年之前，我在投资上花的时间少，稍稍有钱就买一点银行股。现在回头看，当时的投资主要是积累经验，对目前的财富助力甚微。为什么呢？因为初入职场时我们薪资低，生活需要开销，剩余的可投资金不多。

2012年之前，我在忙什么呢？工作！年轻时，我们应当多花时间提高自身的“稀缺性”，对自己的大脑、组织能力、心理素质等进行投资，而不是耗费在简单重复的事情上。毕业后不到两年，我就升任某房地产公司的营销部门主管，薪资也得以大幅增长，可投资金渐渐多起来。

2012年春，我开始在博客上写一些投资相关的文章，得到一些投资前辈的认可，因此对投资兴趣大增。2012年底，民生银行A股大幅上涨，不久就翻番。在上涨前，其股价曾在底部趴了两年左右，我一有余钱就买一点。股价低迷的时候，民生银行的事业部制改革不被市场看好；而股价上涨以后，其股票又遭到了资本大佬抢筹。与此同时，民生银行旗下的商贷通、社区银行等新业务被业界同行模仿，掀起一阵热潮。股价翻番后，当时民生银行的A股估值比兴业银行、浦发银行等同行都高出许多，于是我逐渐将其换成了其他银行股。

---

① 2007年5月30日凌晨，相关部门上调A股市场交易印花税税率，当日股市大幅下挫，千股跌停。

2014—2015 年的大牛市前，银行经营同质化严重，但银行股的股价常常被外界因素扰动（比如直销银行、保险抢筹等）。潮起的时候股价上涨，潮落的时候再回归原位，这使我可以在不同银行股之间进行轮动。在这段时间，轮动是奏效的，可以获得超额收益。当然，在对比各银行股的估值前，需要对一些指标进行拉平调整，也需要对各自的经营趋势有所判断，我将其中的一些经验写在了《读懂银行股》一书中。在银行股轮动过程中，我排除了一些经营效率较低的银行，且只在相对估值大幅偏离后才进行换股，所以整个过程并不烦琐，也不需要经常交易。

2015 年牛市之后，我持仓的银行股股价整体比牛市前又翻了一倍。整体来看，在民生银行 A 股上从 1 到 2，从银行股轮动到 2014—2015 年大牛市，再到 2016 年熔断后，实现了从 2 到 4。

正如经济学上“机会成本”的概念，你获得一些东西，是以失去另一些东西为代价的。2012 年，是我毕业后的第 5 年，我埋头研究着银行股，在本职房地产工作上花的工夫就少了。当时老东家在广东南部有一个项目公司，有营销总监的职位空缺（升职）——三请四请，居然都让我拒绝了。在那之前不久，一位高中同学刚刚研究生毕业就查出肝癌晚期，让我更感觉生命可贵。我不愿再回到那种没日没夜的高强度工作中去。这次之后，我再也没有机会迈上营销总监的职级。这正印证了那句话：“选择比努力更重要。”

紧接着，银行股轮动的方法在 2015 年之后失效了——至少于我而言是失效了。2015 年初开始，我重点研究了招商银行，甚至 2016 年上半年成书的《读懂银行股》也是以招商银行为案例展开的。我撰文表示银行间的同质化将会被打破，经营稍差的银行可能以“时间换空间”的方式来消化不良资产。遗憾的是，想到和做到之间是有距离的，难免受到“路径依赖”的干扰。在兴业银行和招商银行估值相当的时候，我计划等兴业银行估值高过招商银行 10% ~20% 再逐步切换。可还没等到切换的机会，招商银行股价已一骑绝尘而去。

2014 年的房地产市场行情惨淡，一些限购政策开始逐步解除。随后的 2015 年，一线城市房价开始升温。2016—2017 年又波及二、三、四线城市。2015 年开始，我逐步卖出银行股，买进融创中国。房价已经上涨，融创中国的股价却持续盘底，在四五港元的价格盘整了一年左右，让我有时间一边研究一边慢慢买。我留意到，其在上海一块地的隐含利润，就与其当时的市值相当了。2017 年初融创入局了乐视，我因此在 7 港元左右的价格出清了大部分融创中国的股份，在 18 港元左右出清了剩余部分。这些资金又辗转去了中国恒大、新城发展控股、碧桂园等内房股。A 股则留了打新市值在兴业银行和平安银行。在那个时间点，中国恒大的投资逻辑是在房价上涨前加杠杆拿地，这些地在房价上涨后都大幅升值，外加暴利回购及回 A 股等事件驱动。新城发展控股的投资逻辑是商业综合体运营出色，商业综合体可以低成本拿地，沉淀利润但不拖累周转，外加当时的竞争对手万达遇到了些麻烦。碧桂园的投资逻辑是快速周转、跟投制度见成效，以及三四线城市的错位竞争等。整个 2017 年，港股内房涨势喜人，平安银行也表现不错，叠加当时 A 股约 20% 左右的打新收益率，我的股票市值也翻了一倍多，基本实现从 4 到 10。

需要说明的是，这个收益情况只是大概，未经审计，中间也夹杂着资金进出，不保证准确。我不打算发私募，也不打算将其印在本书的封面，故而没必要费时间细究。2016 年后，我就已不再公开谈及我的投资收益率情况了。

2018 年至今，我的投资收益基本原地踏步。2018 年我在中国华融上亏损惨重，2019 年又在中南建设上扳回一局。至于 2020 年，股票市场表现出空前的两极行情，新兴行业的股票涨上天，“三傻”① 却被市场遗弃——

① 指当年的银行股、地产股、保险股。

我的投资收益在指数大涨的情况下反而录得亏损。有意思的是，2021 年开局才半个多月，“三傻不傻”，又让我收回了大部分失地。

截至目前，我在投资上赚取的绝大部分财富，都来自银行股和地产股。这两者我都花了非常多的时间去研究，地产更是我之前的本职工作。除此之外，分级 A 基金、A 股打新和可转债申购，以及每隔一两年就会出现的可转债机会，也贡献了部分收益。这 3 年我持续拓展自己的能力圈，包括教育股、基建股、服装股、食品饮料股等。这并不意味着，每棵树我都要上去打一竿子。2019 年后，我重点介入了一只垃圾发电股和一只城市燃气股，目前仍然持有，业绩连年增长，股价略有下降，降估值持续进行中。还有一只产业运营股和一只另类资产运营股，在买入后我才发现有投资盲点，已经微亏认错出局。

2014 年底，我结束了最后一份拿薪资的工作，过上了别人眼中“逍遥”的日子。经常有人问我，全职投资是怎样的体验。于我而言，投资是生活的一部分，我只是享受生活而已。世事难料，如果当时我去了广东南部的那座城市，显然我也不会遇到现在的人，更不会有大宝齐齐。

2020 年，我最重要的决定是家里再添一个二宝。

2021 年，在新生命降临后，一个崭新的世界即将开启。

祝各位朋友投资顺利，阖家安康！

2021 年 1 月 21 日

星城长沙